R
535

AF601023

L'ÉCOLE DU DIMANCHE

POUR LES FEMMES A KHARKOW

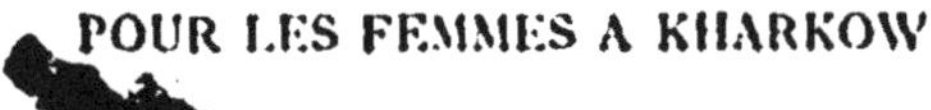

ET LE LIVRE

QUE FAUT-IL DONNER A LIRE AU PEUPLE?

PUBLIÉ PAR LES INSTITUTRICES DE CETTE ÉCOLE

PAR

Y. ABRAMOFF

DEUXIÈME ÉDITION
REVUE ET CORRIGÉE

PARIS
TYPOGRAPHIE E. PLON, NOURRIT ET Cie
RUE GARANCIÈRE, 8

1889

QUE FAUT-IL
DONNER A LIRE
AU PEUPLE?

8°R

L'ÉCOLE DU DIMANCHE

POUR LES FEMMES A KHARKOW

ET LE LIVRE

QUE FAUT-IL DONNER A LIRE AU PEUPLE?

PUBLIÉ PAR LES INSTITUTRICES DE CETTE ÉCOLE

PAR

Y. ABRAMOFF

DEUXIÈME ÉDITION
REVUE ET CORRIGÉE

PARIS
TYPOGRAPHIE E. PLON, NOURRIT ET Cie
RUE GARANCIÈRE, 8

1889

QUE FAUT-IL

DONNER A LIRE

AU PEUPLE?

De 1860 à 1870, la Russie a traversé une période historique de grandes réformes qui ont modifié, au point de le rendre méconnaissable, tout l'ensemble de l'existence nationale de notre patrie et séparé d'un trait indélébile notre passé de notre présent. Aucun côté de la vie du peuple russe ne resta en dehors de leur bienfaisante influence. La plus grande de ces réformes fut sans conteste l'inoubliable mesure de l'émancipation des serfs, promulguée le 19 février 1861. Des millions d'esclaves privés de tous les droits non seulement devinrent libres de leur personne, mais encore se trouvèrent transformés en petits propriétaires fonciers. Cette réforme laissa son empreinte sur toutes les manifestations de notre vie sociale et fit surgir des formes nouvelles de la vie en question. D'autres réformes en furent la suite logique. Elles décrétèrent l'autonomie provinciale, municipale et communale, la procédure orale des tribunaux et le jury en matière criminelle, le service militaire obligatoire, l'instruction publique rendue accessible à toutes les classes de la société, et bien d'autres améliorations encore. Leur but était toujours identique, indiqué à l'avance par la partie sociale de l'émancipation des serfs. Grâce à cet ensemble de réformes, la Russie a pu terminer en un quart de siècle une évolution historique que les autres peuples, nos prédécesseurs dans la voie du progrès, ont mis tout un siècle à accomplir. Il y a tout un abîme entre la Russie moderne et la Russie de l'époque antérieure aux réformes du règne d'Alexandre II.

Ces réformes furent le résultat d'un énergique mouvement d'idées qui éclata chez nous après la guerre de Crimée, guerre désastreuse, qui avait montré jusqu'à quel point nous nous étions laissé devancer dans la voie du progrès et combien était dangereux ce retard, non seulement pour notre grandeur nationale, mais encore pour l'intégrité même du territoire du pays.

De leur côté, les réformes susdites eurent une influence décisive sur les esprits et les aspirations morales de la société russe. Cette société se démocratisa subitement. L'abolition des privilèges et l'égalité de tous devant la loi comme devant les exigences de la vie sociale, — tel fut désormais son mot d'ordre et son cri de ralliement. Par-devant la justice comme au sein des assemblées locales, à l'école comme dans les réunions publiques, les représentants des anciennes classes privilégiées se trouvèrent au même niveau que les représentants des nouvelles couches d'hommes libres jouissant de la plénitude de leurs droits. On vit paraître une nouvelle école littéraire qui reçut tout d'abord le nom d'« école démophile », car elle se consacra exclusivement à une étude approfondie de la vie des masses populaires et à la défense de leurs intérêts. Le « démophilisme » envahit notre société et donna son empreinte à l'activité publique des hommes les plus remarquables de notre époque, au caractère de l'éducation donnée aux enfants, voire même aux habitudes de notre vie de famille. Une foule de gens instruits, ceux surtout qui étaient sortis eux-mêmes du peuple ou bien des classes sociales les plus rapprochées des masses populaires, se sentirent pénétrés du sentiment de la lourde responsabilité qui pèse sur les classes civilisées d'une nation, bénéficiant du labeur du peuple et le laissant néanmoins dans l'ignorance et la servitude. On considérait désormais comme un devoir de travailler au relèvement moral et intellectuel de ces masses, et de payer ainsi une dette depuis longtemps contractée. Des nombreuses manifestations de cette tendance nouvelle, une des plus importantes fut le mouvement qui porta un grand nombre d'hommes instruits à contribuer à l'éducation des masses populaires. Tandis que les uns fournissaient les moyens pécuniaires indispensables à la fondation d'écoles pour le peuple, d'autres se faisaient instituteurs dans ces écoles, renonçant de propos délibéré à une brillante carrière et à une situation en vue dans la société; d'autres encore se mettaient à écrire des livres spécialement destinés au peuple et s'occupaient de la propagation de ces ouvrages.

En Russie, antérieurement aux réformes dont nous parlons, il n'existait point, à strictement parler, d'écoles accessibles aux classes populaires. Les hommes qui entreprirent après 1861 l'éducation de ces classes se trouvèrent en présence d'une ignorance absolue. Il était tout naturel que, dans des conditions pareilles, l'idée leur vînt de créer, en dehors des écoles primaires pour les enfants, des écoles d'adultes, accessibles aux ouvriers et aux paysans désireux de s'instruire. Ces ouvriers et ces paysans, absorbés dans le courant de la semaine par les travaux qui les font vivre, n'ayant de loisir que les jours de fête, les écoles d'adultes ne pouvaient être que des écoles du dimanche. Il en surgit une foule à l'époque dont nous parlons. L'exemple fut donné par Saint-Pétersbourg et Moscou. La province s'empressa de le suivre. Les instituteurs bénévoles affluèrent de toutes parts. La jeunesse et les hommes d'un âge mûr, des personnes d'une instruction supérieure et des personnes n'ayant fait que des études élémentaires, rivalisèrent de zèle. Ce fut une période d'engouement tout à fait extraordinaire. Bientôt, cependant, pour diverses raisons d'ordre politique, les écoles du dimanche commencèrent à se fermer les unes après les autres, et vers 1870 il n'en restait presque plus nulle part en Russie. Une seule école de ce genre réussit à survivre à cette crise. C'était l'école du dimanche pour femmes ouverte à Kharkow, un de nos grands centres de province. Lors de la bourrasque qui emporta toutes les autres écoles du dimanche, elle se transforma provisoirement en institution d'un caractère purement privé, ce qui lui donna le moyen d'exister pendant plusieurs années à titre non officiel. En 1870, elle fut de nouveau officiellement autorisée. L'honneur de l'organisation de cette école revient à Mme Christine Altchevsky, qui n'a jamais cessé d'être à la tête de l'entreprise. A l'heure qu'il est, l'école dont nous parlons est un vaste établissement qui possède jusqu'à soixante institutrices, et dont les cours sont suivis annuellement par trois cent cinquante élèves environ.

De 1870 à 1880, l'école de Kharkow fut la seule de ce type pour les classes populaires. Ce n'est qu'après 1880 qu'on vit se fonder dans d'autres localités de l'Empire des établissements du même genre. En 1883 s'ouvrirent deux écoles du dimanche dans les environs de Saint-Pétersbourg, sur la route de Schlusselbourg, localité habitée de préférence par des ouvriers de fabriques et d'usines. (A l'heure qu'il est, on y compte quatre écoles du dimanche, dont deux pour hommes et autant pour femmes.) En 1887, une école du dimanche pour femmes fut fondée à Tiflis, et en 1888 une école du dimanche pour hommes à Odessa. Toutes ces écoles ont dû leur création à l'initiative privée et à des donateurs bénévoles. Les choses en étaient là au second semestre de l'année passée, au commencement duquel on vit se produire un mouvement déterminé par les informations publiées sur l'école de Kharkow et les remarquables résultats de son enseignement. Le désir de fonder des écoles du dimanche commença à se manifester partout.

Maintenant elles fonctionnent déjà à Orel, Koursk, Cathérinodar, Vilna (écoles pour femmes); Odessa (école pour femmes ouverte postérieurement à une école du dimanche pour hommes); Saratow (école mixte pour les élèves des deux sexes) et Kharkow (école pour hommes, fondée postérieurement à l'école pour femmes).

A Borissoglebsk (province de Tambow), Voronège, Viazma (province de Smolensk), Yégoriévsk (province de Riazan), Catherinebourg (province de Perm), Catherinoslaw, Kiew, Krasny-Yar (province d'Astrakhan), Moscou (deux écoles), Oboïane (province de Koursk), Poltava, Riga, Roslavl (province de Smolensk) et Simbirsk, on est en train d'ouvrir des écoles du dimanche, en très grande majorité pour les femmes.

Les écoles déjà ouvertes ont imité en tout le type de l'école organisée par Mme Altchevsky. Il est à présumer que la même chose se répétera dans les écoles qui ne sont encore qu'à l'état de projet, car, à peu d'exceptions près, leurs fondateurs ont cherché des informations à l'école pour femmes de Kharkow.

Le type de cette école n'a pas été arrêté tout d'abord de toutes pièces. Il été élaboré progressivement pendant les longues années d'existence de l'établissement. Comme bases principales, on a pris soin d'éviter toute réglementation inutile et d'assurer l'égalité complète de toutes les personnes de bonne volonté qui contribuent à titre gratuit à l'enseignement et aux affaires d'administration. Le succès de l'entreprise repose uniquement sur ces bases, et rien ne pourrait réussir si l'on s'en écartait, comme on a pu le voir à Moscou et à Saint-Pétersbourg, où des écoles de dimanche ont été fondées par les municipalités de ces deux villes.

Les moyens d'existence de l'école de Kharkow consistent dans les intérêts d'un capital qui a été offert en don à l'établissement. Les dépenses sont peu considérables. Elles montent de 300 à 400 roubles par an et suffisent pour l'achat des livres et du matériel scolaire. Cette modicité des dépenses tient à ce que l'école n'a à payer ni loyer, ni honoraire à son personnel enseignant. Ce dernier travaille uniquement par dévouement à l'œuvre à laquelle il se consacre et à titre purement gratuit. La ville fournit à l'école un local gratuit dans la maison où se trouvent installées l'école de district et l'école de paroisse. Ce local consiste en six salles de classe fort spacieuses et une chambre servant à la chancellerie. A l'exception de quelques armoires à livres et à modèles scolaires, l'école ne possède en propre aucun mobilier, car elle a à sa disposition celui de l'école du district et de l'école de la paroisse. Par contre, elle est propriétaire d'une belle bibliothèque pour les instituteurs et les élèves, et d'un musée de modèles pour les « leçons de choses ». La bibliothèque pour les instituteurs est, de l'avis de personnes compétentes, remarquablement riche et bien composée. Celle des élèves est peut-être unique en Russie pour le choix et la quantité de livres écrits spécialement pour les classes populaires et pour les enfants. Le musée aussi est fort remarquable par l'abondance de ses collections.

L'enseignement est gratuit. L'école a été fondée principalement en vue des femmes adultes qui cherchent l'instruction primaire, et que les occupations quotidiennes ou l'âge empêchent de suivre les cours d'une école ordinaire. On admet cependant aussi les jeunes filles de dix ans, trop occupées dans la semaine pour pouvoir aller à l'école. Les jeunes filles mineures peuvent être admises à deux reprises dans l'an, du 1er septembre au 1er octobre et du 1er janvier au 1er février. Les élèves des écoles primaires quotidiennes qui ont terminé leurs études peuvent aussi être admises à l'école du dimanche, si elles manifestent le désir de ne pas oublier ce qu'elles ont appris, d'acquérir de nouvelles connaissances et d'emporter à domicile des livres que leur prête l'école. Les élèves de cette catégorie sont admises chaque dimanche consacré à l'enseignement. On a dû créer certaines restrictions, parce que le nombre des postulantes est toujours plus considérable que ne le comporte l'espace dont on dispose. On ne se montre cependant pas très sévère, et l'on cède souvent à des instances trop pressantes. Il en résulte que l'école est au service des personnes avides d'instruction de l'âge le plus varié, et cela pendant toute la période annuelle de l'enseignement. Comme de raison, la grande majorité des élèves suivent ce cours depuis le commencement de l'année scolaire, c'est-à-dire depuis le mois de septembre; mais le chiffre des admissions n'en reste pas moins considérable

pendant tous les autres mois, jusqu'à celui de mai.

Le nombre total des élèves est monté dans ces dernières années à 308, 317, 325 et même 377. La majorité des élèves ne savent ni lire ni écrire, ou ne le savent qu'à moitié. Le nombre des élèves qui savent lire et écrire tant bien que mal est cependant assez considérable, un peu moins de la moitié. L'âge des élèves varie à l'extrême. La majorité se compose de jeunes filles de dix à quinze ans. Il y a quelquefois des élèves de sept ans à peine et beaucoup qui ont de quinze à vingt ans. L'école est aussi fréquentée par des élèves plus âgées encore, dont quelques-unes ont jusqu'à quarante-cinq ans. Comme situation sociale, ce sont presque exclusivement des paysannes et des filles de la toute petite bourgeoisie. Comme métiers, ce qui prédomine, ce sont les modistes et les couturières. Viennent ensuite les femmes d'ouvriers ne s'occupant que de leur ménage, les ouvrières des fabriques de bonbons, les ouvrières employées à d'autres fabriques, les servantes de tout genre, les brodeuses, les dentellières, les vanneuses, les confectionneuses de formes de chapeaux, etc. Comme on voit, l'école offre l'instruction gratuite précisément aux femmes dont les occupations journalières sont de nature à ne pas leur permettre de s'instruire d'une autre façon. Il va sans dire que beaucoup des élèves qui entrent à l'école n'ont pas la possibilité d'y achever d'une façon systématique un cours complet d'études. Les nécessités de l'existence quotidienne se trouvent souvent plus fortes que le désir d'apprendre, et l'on voit des élèves qui abandonnent l'école après quelques leçons. D'autres, par contre, continuent à la fréquenter pendant bon nombre d'années et tirent de son enseignement tout ce qu'il peut leur donner. Ces assidues, qu'on pourrait appeler les anciennes, finissent par s'habituer à l'école à un tel point, qu'elles ne peuvent plus la quitter. Elles continuent à suivre les cours, moins pour apprendre que pour rester en communion morale et intellectuelle avec le personnel enseignant, et aussi pour garder le droit d'user des livres de la bibliothèque scolaire. Les visites à l'école constituent pour elles l'emploi le plus utile et en même temps le plus agréable de leurs loisirs des jours de fête. L'influence salutaire de l'école, déterminée par la confiance réciproque des institutrices et de leurs élèves, pousse quelquefois ces dernières à reprendre les cours après une absence plus ou moins prolongée.

Les conditions de l'existence quotidienne influent quelquefois d'une façon fâcheuse sur le degré d'exactitude des élèves à se rendre à l'école. Fort peu se trouvent en situation de s'y présenter chaque dimanche de la période scolaire. La grande majorité manque la moitié des leçons. Beaucoup ne peuvent venir que dix fois, et même moins, pendant tout le temps des cours. Le mauvais temps, les grands froids, diminuent toujours le nombre des élèves présentes, et la chose est toute naturelle, car la majorité des élèves manquent de vêtements chauds et de chaussures solides. A la veille des fêtes de Noël et de Pâques, quand on travaille même le dimanche dans les ateliers de modistes, l'école ne voit pas venir ses élèves ordinairement les plus assidues.

L'ensemble de l'enseignement de l'école du dimanche équivaut à celui des écoles primaires, c'est-à-dire qu'on y apprend la lecture, l'écriture, les éléments de la grammaire autant que cela est nécessaire pour savoir l'orthographe d'une façon consciente, l'arithmétique et la religion, l'Évangile. Il y a cependant des groupes d'élèves qui, ne se bornant pas à cela, apprennent d'une façon sommaire la géographie et l'histoire et font des exercices de style. Quelques-unes des élèves se préparent à passer leurs examens d'institutrices primaires.

Les cours se font chaque dimanche, à l'exception des trois mois d'été et des trois ou quatre dimanches coïncidant avec les grandes fêtes religieuses. Les classes commencent à dix heures du matin et continuent jusqu'à deux heures de l'après-midi. Chaque leçon dure trois quarts d'heure. Entre les leçons, il y a un quart d'heure de repos. Après deux heures, on distribue aux élèves les livres qu'elles ont demandés à la bibliothèque et l'on procède à des exercices de chant.

Les élèves admises à l'école forment des groupes d'après le degré de l'instruction déjà acquise. Les adultes sont séparées des mineures. Chaque groupe compte de cinq à quinze élèves. Cette organisation permet d'admettre des élèves d'un niveau d'instruction très varié et n'importe à quelle époque d'une période scolaire, puisqu'il se trouve toujours un groupe dans lequel la nouvelle admise pourra prendre place d'après le degré d'instruction qu'elle apporte à l'école.

Une institutrice qui peut donner à l'école quatre heures de travail consécutif est chargée à elle seule d'un groupe. Deux institutrices se remplacent dans le cas où elles ne peuvent donner que deux heures de leur temps à l'école. Comme règle générale, une institutrice se consacre pendant plusieurs années consécutives à l'enseignement du groupe dont elle est chargée, ce qui établit une espèce de lien de famille entre les élèves et leurs institutrices. Il n'y a pas d'examens, les institutrices connaissant bien le degré d'instruction acquis par leurs élèves. Les retardataires d'un groupe, comme aussi les élèves qui ont fait des progrès plus rapides qu'à l'ordinaire, sont simplement réparties dans d'autres groupes correspondant à leurs connaissances. L'école n'admet ni récompenses, ni punitions.

La bibliothèque, spécialement destinée aux élèves, joue un rôle très important dans la vie studieuse de l'école. Très riche comme composition, elle fournit les éléments variés et précieux de lectures soit scolaires, soit faites par les élèves chez elles à la maison. Les lectures scolaires sont fréquentes, mais le nombre des livres lus par les élèves à domicile est encore plus considérable. Dans ce dernier cas, la bonne influence d'un livre prêté par l'école ne se borne pas à l'élève qui l'a emprunté, mais s'étend encore souvent aux membres de sa famille. Il va sans dire qu'on ne prête des livres à domicile qu'à des élèves qui savent déjà lire et que l'école a habituées à comprendre ce qu'elles lisent. Les deux tiers des élèves se trouvent ordinairement dans ce cas. Comme choix de lecture, la première place revient aux œuvres littéraires. Les livres qui traitent de sujets scientifiques sont beaucoup moins demandés. Comme le choix des livres a été fait avec beaucoup de soin, les services que rend la bibliothèque exercent une influence vraiment bienfaisante sur le développement intellectuel et moral des élèves, continuant ainsi l'œuvre pédagogique de l'époque.

Les fêtes scolaires jouent aussi un rôle important. Elles ont lieu à Noël et à Pâques. La première de ces fêtes consiste dans l'arrangement d'un arbre de Noël. Comme lieu de réunion, on prend la salle de la Bourse de Kharkow, que le comité de la Bourse cède ce jour-là à titre gratuit. On réunit toutes les élèves et leurs familles, ainsi que toutes les institutrices. Chaque élève reçoit un paquet contenant une bonbonnière et des friandises. La fête de Pâques est organisée dans le local de l'école. On célèbre un service religieux d'actions de grâces, pendant lequel les élèves font office de chantres. Les élèves reçoivent ensuite des livres et des estampes choisis par les institutrices de chaque groupe, selon l'âge et le degré de développement intellectuel de chacune des destinataires. Ces fêtes scolaires, et surtout les fêtes de Noël, sont très utiles à l'école, en ce qu'elles contribuent puissamment à rapprocher les institutrices de leurs élèves, qui en gardent un souvenir durable, même après leur sortie de l'école. On le comprendra sans peine, si l'on veut bien tenir compte de la terne existence à laquelle sont vouées en grande majorité ces pauvres créatures, condamnées à un labeur écrasant et menant une vie dénuée de tout plaisir. A ces déshéritées du sort, l'école et les fêtes animées qu'elle leur offre deux fois l'an sont comme un rayon de lumière qui traverse les opaques ténèbres de leur existence quotidienne.

Passons maintenant au personnel pédagogique de l'école. On sait déjà qu'il accomplit à titre gratuit la tâche qu'il a bénévolement acceptée. Le nombre de personnes qui briguent l'honneur de cette tâche n'en est pas moins toujours très considérable et dépasse même ce qui serait strictement nécessaire. Le chiffre ordinaire des institutrices est de soixante et quelquefois au delà. Les institutrices se divisent en permanentes, dont chacune se charge d'un groupe d'élèves, et en suppléantes, qui, n'ayant pas la possibilité de se rendre chaque dimanche à l'école, se chargent des groupes dont les institutrices titulaires sont absentes pour une cause ou pour une autre, aident à la distribution des livres de la bibliothèque scolaire, dirigent les exercices de chant des élèves, etc. L'administration, la gérance de la bibliothèque et la tenue des livres sont confiées à quatre personnes ne prenant aucune part à l'enseignement. L'école est visitée chaque dimanche par une femme-médecin.

Les devoirs assumés à titre gratuit par le personnel enseignant de l'école sont très sérieux. Pour faire partie de ce personnel, il faut s'engager : 1° à se présenter d'une façon assidue à l'école; 2° à commencer et à terminer les leçons aux heures indiquées par le règlement; 3° à ne pas quitter les élèves de son groupe avant l'arrivée de l'institutrice qui doit continuer l'enseignement de la journée; 4° à surveiller la conduite des élèves pendant la leçon et les récréations; 5° à veiller sur le matériel scolaire; 6° à bien connaître les manuels, ainsi que les programmes d'enseignement adoptés; 7° à rendre un compte exact des résultats obtenus; 8° à répartir entre d'autres groupes les élèves dont le niveau intellectuel est inférieur ou supérieur à celui du groupe tout entier; 9° à assister aux réunions pédagogiques, et 10° à prévenir en temps utile l'administration de l'école en cas d'impossibilité de se rendre aux leçons.

Le succès persistant et durable de l'entreprise est le meilleur témoignage de la conscience que le personnel pédagogique de l'école apporte dans l'accomplissement d'une tâche bénévolement acceptée. Comme cette tâche n'est pas rétribuée, le seul mobile des institutrices est dans leur dévouement à la cause qu'elles ont entrepris de servir. Ce dévouement est si complet qu'il va jusqu'à l'abnégation. Comment s'étonner après cela de la confiance mutuelle qui règle tous les rapports entre les institutrices et leurs élèves? Ces dernières payent les soins dont elles sont l'objet par une affection sans bornes, qui est la meilleure récompense de leurs institutrices.

Tous ces consolants résultats sont le fruit des conditions spéciales dans lesquelles se trouve placée l'école. On n'y connaît ni chefs, ni subordonnés. Toutes les relations mutuelles ont pour base l'égalité et le labeur collectif. Tout ce qui se passe à l'école est l'expression, non d'une volonté personnelle, mais de la volonté de tous les participants à l'œuvre commune. Chaque question est examinée et résolue par un conseil pédagogique qui siège une fois par semaine et auquel prennent part toutes les institutrices de l'école. On y donne lecture des comptes rendus hebdomadaires et annuels du membre du conseil chargé de la statistique de l'école. Autrefois, il était aussi donné lecture, dans ces réunions, d'aperçus critiques des institutrices sur des livres écrits spécialement pour les enfants et les classes populaires. Plus tard, les aperçus en question et les résultats d'une longue étude de l'effet produit sur les élèves par les lectures scolaires ont donné l'idée de réunir toutes ces observations dans un ouvrage spécial. Telle fut l'origine du livre : *Que faut-il donner à lire au peuple?* dont il va être question plus tard dans notre étude.

Voyons d'abord les résultats obtenus à l'école du dimanche pour femmes de Kharkow.

Il faut commencer par constater que plusieurs milliers de femmes de tout âge ont passé par cette école, apprenant, pour le moins, à lire et à écrire. En Russie, où le nombre des illettrées est encore en majorité énorme, ce seul service rendu par l'école est déjà d'une très grande importance, mais l'école de Kharkow ne se borne pas à enseigner à lire et à écrire. En réalité, elle donne beaucoup plus que ne pourrait donner une simple école primaire, et si toutes les élèves qui la fréquentent ne tirent point un parti complet de l'enseignement qu'elle leur offre, le nombre de celles qui ont pu en profiter n'en est pas moins considérable, vu la longue période de l'existence de cette école. Il ne faut pas oublier, en outre, que les institutrices de Kharkow s'occupent à titre privé de préparer certaines de leurs élèves à passer les examens d'institutrices primaires. D'autres élèves arrivent à embrasser la carrière d'aides-chirurgiennes, de bonnes d'enfants, de lectrices, etc. En dehors des notions positives, toutes les élèves emportent de l'école un relèvement de leur niveau intellectuel, dû surtout à des lectures bien dirigées, sagacement choisies, et à des causeries avec leurs institutrices sur les impressions que leur laissent ces lectures.

Le résultat le plus important consiste d'ailleurs dans l'influence morale exercée par l'école sur les élèves, dans les germes du bien que laisse dans leurs âmes l'enseignement compris comme il a été dit plus haut. Il est souvent arrivé aux institutrices de l'école de Kharkow de se trouver face à face, plus tard, avec leurs anciennes élèves, et bien des fois ces rencontres ont été pour elles de véritables consolations, témoignant jusqu'à quel point est bienfaisante l'influence de leur école.

Il a déjà été parlé plus haut de l'origine du livre : *Que faut-il donner à lire au peuple?* Le jour où l'école du dimanche de Kharkow se trouva en possession d'un nombre suffisant de comptes rendus critiques des livres destinés aux enfants et aux classes populaires, ainsi que d'observations sur l'effet des lectures faites par ses élèves, on eut l'idée de continuer l'entreprise d'une façon

2

systématique et de publier les résultats obtenus. Une commission spéciale, composée d'institutrices de l'école, fut chargée de cette tâche et y consacra de longues années. Deux gros volumes portant le titre : *Que faut-il donner à lire au peuple?* furent le résultat de ce travail. Le premier, auquel avaient collaboré douze institutrices, parut en 1884 (une seconde édition a été faite en 1888). Le second, rédigé par quatorze institutrices, a été publié en 1889.

Comme il a été déjà dit, l'ouvrage est de proportions très considérables. Il se compose de 1,800 pages *in-octavo* grand format. Le texte, en caractères très serrés, est imprimé en deux volumes. Il se compose de l'analyse raisonnée de 2,500 ouvrages classés d'après les catégories suivantes :

1° Religion et morale; 2° Belles-lettres; 3° Sciences et médecine; 4° Histoire et biographie; 5° Géographie; 6° Sociologie et économie domestique. Le nombre le plus considérable des analyses porte sur des œuvres littéraires. Pour toutes les autres catégories, on s'est occupé surtout d'ouvrages populaires, accessibles à des lecteurs peu instruits. Dans la catégorie des ouvrages littéraires, à côté des livres écrits spécialement pour le peuple figurent en grand nombre des œuvres littéraires russes et étrangères s'adressant au public lettré.

Chaque livre dont le titre est mentionné dans le vaste recueil des institutrices de Kharkow y est analysé au point spécial du but que se proposaient les auteurs de ce recueil. Pour un nombre considérable d'ouvrages littéraires, ces analyses sont suivies de résumés d'observations des lectrices, faites dans le courant des conversations provoquées par leur lecture, de leur opinion sur diverses questions se rattachant au sujet du livre, etc.

Comme il serait impossible de se livrer ici à une appréciation détaillée du vaste travail des institutrices de Kharkow dans toutes ses parties, nous nous arrêterons seulement à la partie littéraire, comme la plus importante.

Les analyses critiques des ouvrages dont il est fait mention dans le livre permettent de faire un choix raisonné aux personnes qui ont entrepris de guider les lectures des classes populaires. On a aussi sous la main un guide précieux pour l'organisation des bibliothèques scolaires et populaires, pour la publication des livres destinés à être répandus dans le peuple, etc.

L'importance principale du livre n'est cependant pas dans ces analyses critiques. Il faut la chercher dans les comptes rendus des impressions produites sur des lecteurs et des auditeurs sortis du peuple, comptes rendus qui abondent surtout dans le second volume. En ce sens, *Que faut-il donner à lire au peuple?* est un ouvrage unique, sans précédent dans notre littérature russe. La portée de ces impressions naïves étant immense, nous allons raconter d'abord les procédés employés par les institutrices de Kharkow pour les réunir et les consigner dans leurs comptes rendus.

Le travail a été fait à la ville et à la campagne. A la ville, c'est l'école du dimanche de Kharkow qui en a

2.

fourni les éléments. On cherchait d'abord à connaître l'opinion des élèves sur les livres qu'on leur prêtait et qu'elles rapportaient après les avoir lus. Les institutrices faisaient ensuite des lectures à haute voix aux élèves de leurs groupes respectifs, leur laissaient après cela une complète liberté de parole, leur adressant des questions et les autorisant même à dire ce qu'elles pensaient au courant de la lecture. Tout ce que les élèves disaient dans ces conditions était soigneusement recueilli et consigné sans retard sur le papier. Les données recueillies à l'école du dimanche ayant été reconnues insuffisantes, on les compléta d'abord par des observations faites dans une école rurale, et l'on organisa ensuite un système de lectures à haute voix pour le peuple. Comme point de départ de cette dernière entreprise, on prit des réunions de paysans venant écouter lire une jeune villageoise. A ces simples lectures on réussit à substituer des lectures à haute voix d'œuvres vraiment littéraires. Les auditeurs faisant volontiers des observations sur ce qu'ils venaient d'entendre, toutes ces observations furent recueillies et consignées sur le papier.

Le but principal de cette recherche était le désir de résoudre une question qui préoccupe bien des esprits en Russie, celle de savoir s'il est nécessaire de créer une littérature toute spéciale à l'usage exclusif du peuple, ou bien si les œuvres choisies de notre littérature courante peuvent suffire à la pâture intellectuelle des masses populaires. La chose est d'autant plus importante qu'il se produit chez nous, à l'heure qu'il est, un vaste mouvement en faveur de la publication des livres à bon marché et par conséquent accessibles aux classes pauvres. Jusque dans ces derniers temps, les publications de ce genre restaient la spécialité d'une classe particulière d'éditeurs qui s'enrichissaient à vendre à leur clientèle des contes ineptes, des récits et des romans d'une fantaisie baroque et souvent révoltante. Depuis quelques années, nos classes intelligentes, allant cette fois au-devant du désir que commence à manifester le peuple lui-même, cherchent à remplacer cette malsaine littérature de pacotille par des livres d'une valeur plus relevée. Plusieurs maisons de librairie s'occupent spécialement de publications à bon marché destinées aux masses populaires. On voit surgir en même temps beaucoup d'éditeurs bénévoles d'œuvres de cette espèce. En présence de cet état de choses, la question de savoir s'il faut créer une littérature spéciale à l'usage des classes populaires, ou bien si l'on doit se borner à des éditions à bon marché des chefs-d'œuvre de la littérature russe et de la littérature étrangère, prend une importance capitale.

Un grand nombre de ceux qui se sont préoccupés de répondre au désir du peuple de lire des œuvres sensées, — le comte Tolstoï en tête, — ont déclaré qu'il est indispensable de créer pour le peuple une littérature spéciale. D'après les uns, cela est nécessaire, parce que le niveau de l'intelligence des classes populaires ne saurait être à la hauteur des idées et des mœurs qui forment l'objet des études de notre littérature courante. D'autres ont affirmé que cette dernière littérature, n'étant que le produit d'esprits étrangers à l'existence laborieuse du peuple, ne saurait lui être d'aucune utilité et pourrait faire plus de mal que de bien. On se mit, en conséquence, à créer de toutes pièces une « littérature populaire », en publiant toute une série de livres à bon marché dont le contenu fait sourire involontairement un lecteur appartenant aux classes instruites, mais qui furent déclarés on ne peut mieux appropriés à l'entendement des classes populaires. Pour la plupart, ces petits livres sont écrits sans le moindre talent, mais saturés de morale à bon marché. Les livres écrits pour « le peuple », par le comte Léon Tolstoï lui-même, font sans doute exception. Ils sont écrits avec le même talent que les autres œuvres de l'illustre romancier, et plusieurs de ces livres sont de précieuses acquisitions pour la littérature générale de notre patrie; mais à côté de ceux-là il y en a d'autres dans lesquels l'élément « diabolique » joue un rôle si important et où la négation de tout progrès intellectuel s'étale avec tant de complaisance, que la lecture laisse un sentiment d'involontaire surprise.

Les publications soi-disant populaires ne se bornent d'ailleurs pas à cela. Les éditeurs des livres de cette espèce n'ont pas cru permis de laisser leur clientèle dans une ignorance complète des œuvres de nos écrivains, mais ils ont trouvé qu'il fallait mettre ces œuvres au niveau de l'intelligence des masses populaires. On se mit donc à abréger, à résumer et à mutiler de toute façon les chefs-d'œuvre de la littérature russe et étrangère et à les offrir au peuple en cet état de déformation. Le comte Léon Tolstoï, Ostrovsky, Soltykow, Charles Dickens, Harriet Beecher Stowe, Ouïda, Jules Verne, Gerstacker, George Elliot et même le grand Shakespeare eurent le même sort. Les œuvres de ces écrivains, corrigées par des personnalités sans le moindre talent, devinrent méconnaissables et furent offertes en cet état à la lecture du peuple.

L'expérience tentée par les institutrices de Kharkow fournit une solution tout opposée du problème. Elle prouve que les œuvres d'un véritable mérite littéraire, qu'elles soient écrites en russe ou dans une langue étrangère, peuvent parfaitement être comprises et appréciées par le peuple, tout aussi bien que par les lecteurs appartenant aux classes cultivées. Il se trouve que cette littérature, loin d'être inutile et dénuée d'intérêt pour les masses, constitue pour elles un véritable besoin, tandis que les publications spécialement destinées à l'usage du peuple ne lui disent absolument rien, ou, ce qui est pis encore, éveillent dans son esprit des idées et des aspirations tout à fait contraires à celles que visaient les éditeurs.

Les institutrices de Kharkow, ne se contentant point des livres écrits à l'usage des enfants et des classes populaires, ont hardiment mis entre les mains de leurs élèves, à la ville comme à la campagne, des œuvres véritablement littéraires. Elles leur firent connaître le comte Léon Tolstoï, Gogol, Pouschkine, Ostrovsky, Stchédrine, Griboïédow, Tourguenieff, Dostoïevsky, Von Wizine, Garschine, etc., et tous ces écrivains si divers furent compris par les élèves sans difficulté!

L'âpre ironie de notre grand humoriste Stchédrine, les sombres peintures de mœurs d'Ostrovsky et les rayons de lumière qui illuminent de temps en temps ces ténèbres, le charme artistique des créations de Tourguenieff et de Garschine, les types puissants de Shakespeare dans *Macbeth*, dans *Othello*, *Le roi Lear*, etc., les rêveries poétiques du Danois Andersen se trouvèrent être à la portée de l'entendement des lecteurs et des auditeurs appartenant aux couches sociales les plus humbles et les moins éclairées. Les lecteurs firent même preuve d'une aptitude à comprendre ces œuvres, qu'on ne trouve déjà pas souvent chez ceux d'un niveau intellectuel plus relevé.

Chaque note fausse leur était sensible et les poussait à manifester leur déception. Quand on leur faisait la lecture d'une de ces « adaptations » qui mutilent et rendent méconnaissable l'œuvre d'un écrivain de grand mérite, ils s'apercevaient immédiatement de ce qui manquait à la version ainsi arrangée et le signalaient sans la moindre hésitation. En voici un exemple pris au hasard parmi un grand nombre de faits cités dans *Que faut-il donner à lire au peuple?* On fit prendre connaissance aux élèves de l'école de Kharkow du *Roi Lear* en trois versions différentes. Ce fut d'abord un simple résumé en forme de récit, fait par M. Marakouïew, éditeur de la Bibliothèque populaire, ayant un grand nombre de publications à l'usage du peuple (et ayant mutilé un nombre considérable d'œuvres de grands écrivains), puis une adaptation de Mme Catencamp-Setkow, intitulée *Le vieux Nikita et ses trois filles,* et enfin la traduction considérablement vieillie déjà de la tragédie de Shakespeare par feu Droujinine. M. Marakouïew, transformant en simple nouvelle l'œuvre dramatique du grand poète anglais, avait pour but de faire faire connaissance avec Shakespeare au plus grand nombre possible de lecteurs russes et d'inspirer à ces derniers l'envie de connaître le texte original. Il se trouva cependant que sa narration ennuya franchement l'auditoire. Mme Setkow, remplaçant le vieux roi anglais par un paysan russe, avait espéré que le drame deviendrait plus compréhensible aux lecteurs qu'elle avait en vue. Or ces lecteurs comprirent beaucoup mieux en réalité le *Roi Lear* que *Le vieux Nikita.* C'étaient cependant d'humbles jeunes ouvrières, filles de cuisinières et de blanchisseuses, ayant à peine terminé leurs études dans des écoles primaires et fréquentant depuis nombre d'années les cours de l'école du dimanche de Kharkow. Elles écoutèrent avec la plus vive attention la lecture de la tragédie de Shakespeare, se montrant émues et indignées aux bons endroits, s'intéressant à toutes les péripéties de l'action dramatique. Cette disposition de l'auditoire agit d'une façon contagieuse sur l'institutrice qui faisait la lecture. Elle éclata en sanglots, malgré tous ses efforts pour garder son sang-froid. Signalons encore la particularité suivante : dans la version arrangée de Mme Setkow, le dénouement tragique de la pièce est remplacé par un dénouement heureux. La vertu triomphe en la personne de la fille cadette de Lear-Nikita, et le crime est sévèrement châtié en la personne de ses deux autres filles.

Bien des gens, et dans le nombre même des connaisseurs approfondis de l'œuvre shakespearienne, sont d'avis que le poète aurait mieux fait de modifier dans ce sens le dénouement de sa tragédie. On a même joué sur plusieurs scènes européennes le *Roi Lear* ainsi corrigé. Il se trouva cependant qu'un auditoire populaire russe se rapprocha en cela beaucoup plus de l'idée de Shakespeare. Le tragique dénouement de la pièce fut déclaré plus conforme à ce qui se passe dans la vie réelle. Il en résulte que le livre qui nous occupe démontre d'une façon victorieuse l'inanité de la doctrine d'après laquelle les chefs-d'œuvre littéraires seraient inaccessibles à l'entendement des masses et même inutiles pour elles, ce qui aboutissait à la création d'une littérature populaire toute spéciale, composée de mutilations des œuvres des grands écrivains.

Que faut-il donner à lire au peuple? est un ouvrage qui détruit de fond en comble une aussi fâcheuse erreur, et qui encourage la nouvelle tendance de nos classes cultivées à rendre accessibles au peuple des lectures plus relevées que la littérature de pacotille à laquelle on avait essayé de l'astreindre. Pour arriver au but nouveau que l'on se propose, il suffira de publier à bon marché des livres dont le prix actuel n'est pas accessible aux modestes ressources des masses populaires.

Cette partie de l'ouvrage n'est cependant pas, selon nous, la principale. *Que faut-il donner à lire au peuple?* est un livre qui mérite d'être connu comme un guide précieux dans le choix des lectures populaires, et comme un témoignage de la nécessité de rendre accessibles au peuple les chefs-d'œuvre de toutes les littératures anciennes et modernes. Le plus important cependant, c'est que dans ce livre se trouvent réunis en nombre énorme les matériaux servant à caractériser l'état intellectuel moderne du peuple russe et l'influence que les bons livres peuvent avoir sur cet état.

Aux lectures de l'école de Kharkow, comme à celles qui avaient lieu à la campagne, l'auditoire se trouvait en présence des types les plus divers, du niveau intellectuel le plus varié. On le faisait assister aux manifestations les plus divergentes, les plus opposées de l'existence humaine, drames, tragédies, comédies et farces. On lui faisait partager les chagrins et les joies, le rire et les larmes des héros des œuvres dont on lui donnait lecture. La vie humaine dans ses phases les plus différentes lui était montrée successivement, et lecteurs comme auditeurs étaient mis à même d'exprimer leur opinion personnelle sur tout ce qu'on leur faisait ainsi connaître. Ceux qui n'appartiennent point à la nationalité russe éprouveront quelque difficulté à comprendre l'importance capitale, comme théorie et comme pratique, des matériaux recueillis par les institutrices de Kharkow. En Russie, à la suite des particularités de notre histoire nationale, l'abîme qui sépare, sous le rapport intellectuel, les classes cultivées des classes populaires est infiniment plus large que partout ailleurs. Notre peuple a des idées et des habitudes sociales très particulières, dont il faut toujours tenir compte dans toutes les manifestations de notre vie nationale. En voici un exemple pris au hasard entre mille. Dans le midi de la Russie, bon nombre de grandes entreprises industrielles subissent en été des chômages forcés, parce que, à cette époque de l'année, tous les ouvriers des fabriques partent pour les travaux de la fenaison et de la moisson, et cela non pas parce que le travail des champs est mieux rétribué que celui des fabriques : dans la grande majorité des cas, c'est juste le contraire; mais le peuple russe tient encore fortement à certaines habitudes et à certaines idées d'après lesquelles le travail des champs est plus noble que celui des fabriques. Bon gré, mal gré, il faut tenir compte de cette manière de voir. La chose se répète dans une foule d'autres cas, et c'est pour cela que la société et la presse russes se montrent si préoccupées de l'état intellectuel de notre peuple, mettant une véritable passion à se rendre compte de l'essence même de « l'âme populaire ». Aux étrangers, tout ce qui se dit chez nous sur ce sujet doit paraître fort bizarre. Ils ne sauraient comprendre qu'on puisse se passionner pour une question de ce genre, et doivent incliner à l'attribuer à une sorte d'exaltation mystique. Or, ce qui pousse la société russe à cette étude de l'âme populaire est un intérêt tout pratique. Il s'agit de se rendre bien compte de la nature véritable d'un élément social de qui dépend tout l'avenir de notre pays, de prévoir quelle influence auront sur ces assises de notre existence nationale les conditions de l'état de choses qui a remplacé le régime patriarcal de naguère, et de sauvegarder tout ce qu'il y a de vraiment précieux, de noble et d'élevé dans l'âme de notre peuple. C'est surtout pour cela que nous prisons très haut un ouvrage comme *Que faut-il donner à lire au peuple?* Il faut faire maintenant des vœux sincères pour voir utiliser et apprécier, selon son mérite, ce grandiose amoncellement de matériaux bruts par notre littérature, à qui incombe la tâche d'en tirer toutes les déductions utiles.

De toutes les influences que les réformes du règne précédent ont eues sur l'esprit de notre peuple, tel que l'ont fait les conditions historiques, les influences bienfaisantes ont été les moins nombreuses, et dans leur nombre celle d'un bon livre commence seulement à avoir prise sur une portion encore très restreinte des masses incultes.

Nos hommes éclairés, désireux de réagir contre les effets funestes que le nouveau régime social et économique exerce sur les classes populaires, n'ont presque pas pour ce combat d'autres armes que l'école et le livre. C'est pour cela que la question de l'influence du livre sur l'intellect populaire est d'une portée capitale pour la société russe, et c'est en cela que consiste l'importance exceptionnelle des données fournies par l'ouvrage qui nous occupe. On trouve dans ces données la preuve de ce fait, que l'impression produite par un livre sur un lecteur appartenant aux classes populaires est beaucoup plus forte que l'impression éprouvée par un lecteur à l'esprit cultivé. Le premier s'identifie pour ainsi dire avec les personnages de l'œuvre qu'il lit, il partage leurs joies et leurs douleurs, verse des larmes et rit avec eux, adopte leur manière de voir. Ce qu'il lit, ou entend lire, est « vrai » pour lui.

L'influence du livre sur ses idées personnelles est en même temps très grande. La lecture n'est pas pour lui un simple passe-temps, mais une affaire très sérieuse. Quand un livre est bon, il lui voue toute son estime et y attache un grand prix. Le livre le fait réfléchir, le force à s'intéresser à des questions d'une nature sérieuse. Cette influence du livre est très forte, très sensible, comme on peut s'en convaincre par les données recueillies dans *Que faut-il donner à lire au peuple?* On y trouve force preuves de ce fait, qu'un bon livre peut modifier de la façon la plus heureuse les idées du peuple sur les questions les plus importantes de sa vie économique et sociale. Ces indications doivent servir d'encouragement à tous ceux qui cherchent à rendre les bons livres accessibles aux masses populaires.

Telle est, résumée de la façon la plus succincte, la portée de *Que faut-il donner à lire au peuple?* pour la société moderne russe, qui a déjà prouvé par l'accueil sympathique qu'elle a fait à ce livre qu'elle l'apprécie à son juste mérite, comprenant l'importance qu'il peut avoir pour l'œuvre de l'instruction populaire en Russie, et combien il peut aider à établir sur des bases équitables les relations mutuelles entre les classes cultivées et le peuple.

Pour qu'on puisse se rendre bien compte du contenu du livre : *Que faut-il donner à lire au peuple?* et pour faire connaître aux lecteurs étrangers la nature des matériaux qui se trouvent réunis dans cet ouvrage, nous allons donner un certain nombre d'extraits de son texte. Le choix de ces citations n'est pas sans difficulté, vu que, d'un côté, le public occidental ignore complètement un grand nombre d'œuvres littéraires russes, dont les appréciations par des lecteurs de nos classes populaires sont cependant particulièrement intéressantes, et, de l'autre, parce que la variété et le nombre des matériaux réunis dans cet ouvrage sont énormes. En s'arrêtant aux pages les plus caractéristiques du livre, on courrait le risque de ne pas être compris par un lecteur étranger ; mais en ne citant que des pages consacrées aux œuvres d'une notoriété européenne, on ne donnerait qu'une idée incomplète et inexacte de l'œuvre qui nous occupe. Et ce n'est pas tout. Se contenter des appréciations de lecteurs des classes populaires sur un nombre restreint de livres serait renoncer à faire connaître au lecteur européen une foule de traits typiques de l'esprit de notre peuple russe; en multipliant les citations, on aurait à craindre au contraire que notre brochure ne devînt trop volumineuse. Il en est résulté que le groupement des citations qu'on va lire a été subordonné à diverses considérations. Nous n'avons voulu ni nous montrer trop avares, ni effrayer le lecteur par une grande abondance d'extraits. Bien décidés à ne prendre que des pages consacrées aux œuvres plus ou moins connues de tout le monde, nous n'avons pas eu le courage d'en écarter quelques autres traitant des œuvres littéraires peu connues ou entièrement ignorées en Europe, tout en cherchant, même en ce cas, à choisir celles dont les auteurs ont une certaine notoriété en Occident, et en les arrangeant de telle sorte que nos lecteurs puissent se faire une idée des ouvrages cités.

Nous allons commencer par les œuvres du plus grand de nos écrivains russes modernes, jouissant depuis plusieurs années déjà d'une célébrité européenne.

Nous avons nommé le comte Léon Tolstoï. Nous choisissons deux récits du grand romancier, entièrement inconnus du public européen : *Deux Frères et un monceau d'or* et *Deux Vieillards.* Ce choix est motivé autant par le caractère même de ces récits, — qui font partie d'une série d'œuvres écrites par le comte Tolstoï spécialement pour le peuple et ignorées jusqu'ici du lecteur étranger, — que par le désir de faire comprendre à ce dernier les procédés employés pour recueillir les données ayant servi à la composition du livre : *Que faut-il donner à lire au peuple?*

EXTRAIT D'UN MÉMOIRE

D'UNE

CURATRICE D'ÉCOLE RURALE

[Chr. ALTCHEVSKY] (1)

Chaque été, arrivant à la campagne, je réunissais autour de moi des enfants, des adolescents et des adultes des deux sexes. Tout ce monde avait passé par la même école populaire, que les uns avaient quittée depuis quelque temps, les autres plus récemment. Tout en sachant qu'ils doivent être pénétrés des idées de leurs parents, dans le milieu desquels ils continuaient à vivre après avoir terminé les études à l'école, j'étais tourmentée par la pensée que ce n'est plus le vrai peuple, que la civilisation y a dû avoir une certaine influence, que le livre a dû forcément produire quelque effet sur le développement de leur esprit, qui aura subi jusqu'à un certain point l'influence des idées et des croyances de l'instituteur.

Ce n'est qu'à titre de rares exceptions que je consta-

(1) *Que faut-il donner à lire au peuple?* t. II, p. 61-64.

tais dans mon auditoire la présence d'adultes illettrés. La lecture des publications de la librairie Posrednik (1) augmenta encore ma perplexité. Ces publications, par leur caractère, visent le peuple dans le sens le plus littéral de ce mot, et elles m'inspirèrent le plus vif désir de trouver accès dans une famille de véritables paysans. Le ménage villageois dans lequel il m'était le plus facile de pénétrer était celui d'une de mes anciennes élèves, Maroussia P..., mariée dans un village voisin du nôtre. On m'avait dit que l'habitude de la lecture s'était acclimatée dans cette famille, et que Maroussia venait chercher dans ce but des livres chez l'instituteur primaire de l'endroit. Elle m'avait demandé à plusieurs reprises de venir voir son intérieur, mais je n'avais pu me rendre à son désir l'été précédent. J'allai la voir, pour vérifier l'effet produit sur moi par les publications du « Posrednik », guidée par le désir de vérifier les thèses de celui-ci avec des représentants authentiques du peuple. Je me munis pour cela de la brochure *Les deux Vieillards* et de l'estampe *Deux Frères et le monceau d'or* (2), vu que j'étais curieuse de savoir jusqu'à quel point ces deux récits en particulier s'adaptent aux idées du peuple.

Je les emportai à tout hasard, ignorant si je trouverais même l'occasion d'en donner lecture. Quand je

(1) La librairie « Posrednik », *L'intermédiaire*, s'occupe spécialement de la publication des livres destinés au peuple. Elle est dirigée de fait par M. le comte Léon Tolstoï.

(2) C'est une estampe représentant le sujet d'un petit récit du comte Tolstoï, dont le texte se trouve au bas de l'estampe.

me rendis, un dimanche après le service divin, chez Maroussia, toute la famille se trouvait réunie. Mon ancienne élève avait devant elle, sur la table, un gros et vieux bouquin en langue slavonne (cadeau du prêtre du village). Elle l'avait fermé à l'instant même, et ses parents, le beau-père, la belle-mère et son mari, avaient l'air de l'écouter toujours. Après les compliments d'usage et quelques propos sur le manque de pluie, la mauvaise récolte, sur les rats des champs et les hannetons, la belle-mère de Maroussia, une commère très vive et fort intelligente, se mit à me raconter comment, chaque dimanche, au sortir de l'église, des parents venaient écouter ses lectures. D'après toutes ses explications j'ai pu constater que, de tout ce que l'on avait lu l'hiver précédent, *Les faiseurs d'or* de Zschoke et *Les Inséparables* de Zassodimsky ont été le plus goûtés. « Quand j'y pense parfois, ça me fait venir les larmes », disait-elle en parlant des héros de Zassodimsky. Cette conversation me fournit l'occasion de leur offrir une lecture des ouvrages que j'avais apportés avec moi, et la proposition fut acceptée de si bon cœur, avec un désir si évident d'entendre une lecture intéressante, que je me sentis complètement à mon aise, exempte de cette gêne que je craignais tant, en rêvant à trouver accès dans un ménage de paysans. Je me trouvais en présence d'un auditoire déjà influencé par Maroussia à un tel point, que ces pauvres illettrés saluaient un livre comme un ancien et bon ami.

Je dépliais l'estampe de *Deux Frères et un monceau d'or* et je me mis à lire sa légende. Mes auditeurs commencèrent par examiner l'image. Quelqu'un entra à ce moment dans le vestibule et, en m'entendant lire, demanda :

— Maroussia a déjà commencé sa lecture?

On m'expliqua que c'était l'oncle Demian, membre assidu du petit auditoire. Entré dans la chambre, il se signa devant les saintes images, salua de tous les côtés et, nous disant « bonjour », s'assit posément sur le bout du banc, ne paraissant nullement interloqué que ce fût moi qui fisse la lecture et non Maroussia. Il avait déjà entendu dire à cette dernière que je m'occupais de « livres et d'écoles » (il me l'a dit plus tard) et me pria d'avoir la bonté de recommencer. Au moment même où j'allais me rendre à son désir, entra un autre paysan, Grégoire, qui nous expliqua qu'à peine de retour d'une livraison de charbon, il s'était empressé de venir assister une fois encore à une lecture. Le but de sa visite était aussi clair que dans le cas de l'oncle Demian, et je me mis à lire.

Dans le récit de *Deux Frères et un monceau d'or*, il est question de deux frères vertueux qui trouvèrent sur leur chemin un monceau d'or. L'un d'eux recula avec terreur et s'empressa de s'éloigner; l'autre avec maints efforts apporta le monceau en ville, où il fit bâtir des hospices de tout genre, pour des veuves, des orphelins, des malades et des voyageurs pauvres, et tout le monde le comblait de bénédictions. Quand il arriva cependant qu'un jour, ennuyé d'être séparé de son frère, il laissa là toutes ses fondations et, ayant fait ses adieux au peuple, voulut revenir dans son ancienne demeure, sans le sou et dans ses anciens vêtements, un ange, envoyé par Dieu, lui barra la route et dit d'un ton sévère : « Hors d'ici ! tu n'es pas digne de vivre avec ton frère. L'horreur de ton frère en face de l'or est plus méritoire que toutes les bonnes œuvres que cet or t'a donné le moyen d'accomplir. » Alors, Athanase se mit à rappeler combien de pauvres et de pèlerins il avait nourris, à combien d'orphelins il avait donné asile. Mais l'ange lui dit : « Le même démon qui avait déposé l'or pour te tenter t'a inspiré les paroles que tu viens de me dire. » Alors la conscience parla dans le cœur d'Athanase ; il comprit que ce n'était pas au nom de Dieu qu'il avait agi, et, dans son repentir, il se mit à pleurer.

Ce voyant, l'ange lui laissa libre le chemin où se tenait déjà Jean, qui attendait son frère.

A partir de ce jour Athanase ne se laissa plus tenter par le Malin Esprit, qui avait jeté l'or sur la route, ayant compris que ce n'est pas avec de l'or, mais par le travail, qu'on peut véritablement servir Dieu et les hommes. Les deux frères se mirent à vivre comme autrefois, travaillant non pas pour eux, mais pour les pauvres. Aux gens exténués par le travail, aux malades, aux orphelins et aux veuves, les frères venaient offrir leurs services, et, une fois le travail accompli, ils les quittaient sans rien vo oir accepter.

— C'étaient des justes, de vrais, observa le beau-père.

Au passage : « Tout à coup Jean s'arrêta aussi, comme s'il venait d'apercevoir quelque chose, et se mit à fixer l'endroit. Puis il s'approcha de l'objet qu'il fixait ainsi, et, faisant tout à coup un bond, il se mit à courir de montagne en montagne, comme s'il était poursuivi par une bête féroce. »

— C'est l'or qui l'a effrayé ainsi, dit un des paysans en montrant du doigt l'estampe.

— Daniel n'a pas eu cette peur, dit à son tour la belle-mère, et que de bonnes œuvres n'a-t-il pas faites avec son or!

Croyant qu'il s'agissait d'une personne de leur connaissance, je suspendis ma lecture pour demander : — De quel Daniel parlez-vous donc?

— Mais c'est toujours du même! répondit la bonne femme du ton dont elle aurait parlé d'une de ses bonnes connaissances, — et toute la famille à énumérer les œuvres utiles, accomplies par Daniel. J'ai compris alors qu'il s'agissait du héros des « Faiseurs d'or » de Zschoke.

Au passage disant que Jean s'enfuit à la vue de l'or, le beau-père dit avec un sourire ironique :

— M'est avis qu'à l'heure qu'il est nous n'aurions pas fait ainsi les dégoûtés; au contraire, nous aurions pris le plus possible. (Il faisait allusion à la disette de l'année.)

— Moi, je me serais contenté de quatre roubles, ajouta Grégoire, juste ce qu'il me faudrait pour faire un pèlerinage aux Saintes-Montagnes.

Et tout le monde de rire.

Après un raisonnement d'Athanase : « Il n'y a pas de péché à posséder de l'or, etc. », mon auditoire eut un instant de doute et d'hésitation.

— Les mains vides, on ne peut rien faire, dit un paysan en hochant sceptiquement la tête.

— C'est pour l'induire en péché, fit remarquer un autre d'un ton d'autorité.

— Non, c'est pour le bien de son âme, répliqua la belle-mère.

— A mon avis, l'argent qu'on n'a pas gagné ne saurait porter chance, ajouta à voix basse Maroussia, avec la timide modestie qui la caractérisait.

— Ce que tu as gagné est bien à toi, et il ne faut convoiter ce à quoi on n'a pas droit, fit d'un ton doctoral le second paysan.

Je repris ma lecture.

— Le péché l'attire, le péché l'attire! répétait le bonhomme, tout glorieux d'avoir deviné le dénouement avant tous les autres; et lorsque l'ange lança un regard de menace à Athanase, il regarda toute l'assistance d'un air triomphant : — Hein! avez-vous compris, vous autres?

La belle-mère se rangea cependant d'une façon très catégorique du côté d'Athanase et s'échauffait en énumérant les bonnes œuvres qu'il avait accomplies. Le beau-père et le premier des paysans partageaient son avis. Maroussia persista doucement dans le sien, tandis que le second paysan, s'emportant pour son propre compte et pour celui de Maroussia, cherchait à persuader qu'il vaut mieux faire peu pour les autres, en prélevant ce peu sur de l'argent gagné, et comme exemple le plus persuasif, il cite l'obole de la veuve de l'Évangile.

Il était évident que le petit groupe auquel j'avais affaire avait l'habitude non seulement de la lecture, mais encore de l'analyse et de la discussion sur ce qu'on lui lisait.

L'idée que tout ce qui se passait autour de moi était dû à l'influence directe de l'école et que des faits pareils pouvaient se répéter partout, me rendit heureuse.

Satisfaite de la première expérience, je voulus d'abord me borner à un seul récit, mais mon auditoire, ayant remarqué que j'avais encore un autre livre, me demanda avec insistance d'en donner aussi lecture. Ces bonnes gens prêchaient une convertie : j'étais prête à continuer tant qu'ils voudraient, et je me mis à lire *Les deux Vieillards.*

Avant de parler de l'effet produit par cette seconde lecture, il est bon de résumer le sujet du récit. Deux vieillards, Éphime et Élysée, avaient entrepris un pèlerinage à Jérusalem. Éphime, un paysan aisé, regrettait d'avoir quitté sa maison et son exploitation rurale. Les soucis de choses terrestres le poursuivirent en route, comme sur les lieux du pèlerinage. Élysée avait ramassé le peu qu'il possédait pour se mettre en route, mais le pauvre vieux se trouva bientôt dans l'impossibilité d'achever son voyage.

Se laissant un jour devancer par Éphime, il entra dans un village voisin pour se désaltérer et y resta. Les habitants de ce village souffraient de la famine et attendaient avec effroi la mort. La fortune d'Élysée n'était pas grande, mais il possédait toujours assez pour pouvoir remettre sur pied une famille affamée, après quoi il eut hâte de rentrer chez lui pour éviter les louanges.

Éphime se trouvait pendant ce temps dans le temple du Saint-Sépulcre et ne pouvait pas se débarrasser de ses soucis; il avait surtout peur pour sa bourse bien garnie et redoutait les suites de la connaissance faite avec un pèlerin d'allures suspectes qui ne le quittait plus.

Éphime se demandait ce que pouvait bien être devenu Élysée, et tout à coup il le vit à une place d'honneur dans l'enceinte du sanctuaire, sans pouvoir parvenir à le rejoindre. Éphime se remit ensuite en route, passa par le village visité par Élysée, apprit le bien que ce dernier y avait fait et comprit que Dieu ordonne à chacun de remplir jusqu'à la mort sa tâche d'amour et de bonnes œuvres.

L'idée du récit est infiniment sympathique. Il est écrit avec chaleur et talent, éveillant dans le cœur d'un lecteur populaire de bonnes pensées et de louables sentiments. Nous le recommandons donc aux bibliothèques populaires.

Revenons cependant aux impressions de nos auditeurs. Tout ce qui se rapporte aux préparatifs du pèlerinage excita un intérêt énorme. Interrompant ma lecture, le second paysan se prit à raconter comme quoi il se proposait aussi, depuis trois ans, d'aller en pèlerinage et n'arrivait point à réaliser son dessein.

— C'est bon! c'est bon! laissez donc lire, lui fit observer la belle-mère.

Je répliquai que cela n'empêchait nullement la

lecture, et que l'on peut bien causer de sujets se rattachant à ce qu'on lit.

La phrase d'Élysée : « Ce serait bien pis si l'état de notre âme laissait à désirer », fut accueillie par des signes d'unanime sympathie et par de profonds soupirs de l'auditoire. Le paysan qui se proposait de se rendre aux Saintes-Montagnes donnait surtout des preuves d'une contrition profonde. En entendant qu'Éphime, en route pour son pèlerinage, continua à penser à ses affaires domestiques, le beau-père dit d'un ton de reproche :

— Il ne pense pas à ce qui est devant lui, mais bien à ce qu'il laisse derrière.

En entendant parler de la famille affamée à laquelle Élysée fit par hasard visite, le second paysan dit :

— Cela nous arrivera aussi.

— Et l'autre est déjà parti qu'on n'en entend plus parler? demanda la belle-mère, parlant très vite, comme si elle voulait s'assurer qu'elle n'avait rien laissé passer du récit et n'avait pas perdu de vue Éphime, l'autre pèlerin.

— Mais certainement qu'il est parti, répondit le premier paysan.

— Quand Élysée se met à réfléchir s'il vaut mieux aller à Jérusalem que de porter secours aux indigents, le beau-père observa :

— M'est avis qu'il va les tirer de là!

A la description de la honte éprouvée par Élysée en entendant les louanges des femmes, le deuxième paysan s'écria avec animation :

— Vous verrez qu'il va décamper.

— Pourquoi cela? fit d'un ton étonné la belle-mère.

— Pour ne pas s'entendre louer, parbleu! C'est un péché! expliqua le paysan.

A la description de Jérusalem, quand l'auteur dit : « On montrait le pilier auquel fut attaché le Christ pendant qu'on le frappait », toutes les têtes se tournèrent vers une estampe collée au mur et représentant la Passion...

— C'est de cela qu'il s'agit! dit une voix d'un ton de compassion.

Le récit de l'apparition dans l'enceinte du sanctuaire fut écouté dans le plus profond silence et avec un recueillement complet écrit sur tous les visages.

A la description de la peur d'Éphime d'être volé, le deuxième paysan dit :

— En voilà un qui tient à son argent!

Au passage où Éphime, revenant chez lui, entre dans la cabane visitée naguère par Élysée et trouve les habitants prospères et tranquilles, tout le monde se montra si heureux que l'on se prit à rire d'aise. La belle-mère les interrompit d'un ton d'impatience, disant :

— Mais finissez donc! Ils vont parler!

— Je crains bien qu'ils ne trahissent le secret d'Élysée, dit avec inquiétude le beau-père.

A l'endroit où la petite fille de la maison se mêle à la conversation, disant : « Mais non, grand'mère, il avait posé sa besace par terre au milieu de la chambre et ne la mit sur le banc que plus tard! » quelqu'un fit observer gaiement : « Rien de tel que les enfants pour couper la parole! » Le récit enchanta tout ce monde. Les sympathies de tout l'auditoire furent pour Élysée. « Il avait rudement raison! » répétaient d'un ton pénétré les auditeurs. « Cette manière-là de prier Dieu est plus agréable au Seigneur », fit le deuxième paysan ; et la belle-mère cherchait à se souvenir de ce que Maroussia avait déjà lu de ressemblant à cette histoire, et quand. « Quelque chose de très bien aussi », ajoutait-elle.

— Savez-vous bien, dit d'un ton ému le vieux Grégoire en s'adressant à tout le monde, que c'est grâce à des livres comme celui-ci que je ne suis pas un homme perdu!

On m'expliqua alors que la défunte femme de Grégoire tenait en grande estime Maroussia, et qu'après sa mort, son mari, rongé de tristesse, ne trouvait de consolation que dans les livres.

L'extrait qui suit se rapporte aussi à un ouvrage publié spécialement pour le peuple par la librairie « Posrednik »; c'est une compilation d'après les sources de l'antiquité grecque, dans laquelle se devine la main experte du comte Léon Tolstoï.

Socrate (1) occupa dès les premières pages l'attention de notre auditoire villageois. On s'intéressait vivement aux dieux et aux déesses.

— C'est apparemment en son honneur que la ville fut nommée Athènes, fit observer l'un des assistants.

On comprit parfaitement le sens de la locution : « la

(1) *Que faut-il donner à lire au peuple?* tome II, pages 74-87.

voix de la conscience »; on s'intéressa énormément à la conversation de Socrate avec Aristhon et à son récit sur Hercule.

On se montrait ému de la question de savoir quelle voie choisirait Hercule, celle des plaisirs ou de la vérité, et quand il devient clair qu'il avait choisi la seconde, quelqu'un s'écrie à haute voix :

— Merci, mon Dieu!

— La belle ne l'a pas enjôlé, dit avec joie Grégoire.

— En voilà un qui conte bien! s'écria Demian en parlant de Socrate.

— C'est le bon Dieu qui a évidemment inspiré cet Hercule! ajouta la belle-mère, qui avait écouté avec tant d'attention, qu'elle a même réussi à retenir un nom qui lui était absolument inconnu.

L'ironie des propos que Socrate tient à Glaucon fut parfaitement comprise de tout le monde. On riait et l'on faisait ses petites observations. « Il se fait commandant, celui-là, avant même d'être nommé! » dit l'un des assistants au début du troisième chapitre. En réponse aux paroles de Glaucon : « Je n'en sais rien encore, il faut que je réfléchisse », quelqu'un dit avec ironie :

— Voyez-vous cela? il lui faut encore réfléchir!

— Socrate, lui, n'a qu'à le regarder pour savoir ce qu'il a en tête, dit un troisième.

— Il lui pose des problèmes, dit sentencieusement le premier des interrupteurs.

Et à chaque réponse incongrue de Glaucon, on s'écriait joyeusement :

— Il ne sait pas! il n'a rien trouvé! Oh! la tête dure! Quel fichu ignorant!

— Cela n'a pas une idée dans la tête, et cela veut commander! observa dédaigneusement Grégoire.

— Mais c'est qu'il le serre de près, comme un cheval qu'on attelle à l'étroit! dit l'un des assistants; le malheureux a oublié même ce qu'il savait!

On accabla surtout de mépris la réponse de Glaucon à la question de Socrate : « Comment penses-tu enrichir le peuple? »

— A mon avis, le meilleur moyen, c'est la guerre. Il faut conquérir les autres nations, leur prendre tout leur bien et le partager entre soi.

— Qu'est-ce qu'il chante, celui-là! dit d'un ton bourru Grégoire.

— C'est cela! Piller, violenter, tuer et puis enlever les biens des autres! murmurait-on de tous côtés.

— Que voulez-vous? c'est comme cela qu'on faisait jadis la guerre, répliqua Grégoire. Maintenant on se bat pour la Sainte Église, mais dans ces temps-là... Il acheva sa pensée par un signe de la main.

Aux paroles de Glaucon : « Tu veux tout approfondir, Socrate. S'il fallait réfléchir et compter comme tu l'exiges, il serait beaucoup trop difficile de gouverner un peuple », l'un des assistants observa :

— Il ne veut pas avouer son ignorance, et il ose prétendre au commandement!

— On se moque de lui, fit un autre.

Et quand Glaucon quitte Socrate en silence, l'un des assistants s'écria :

— Il a encore eu de la chance de pouvoir éviter la honte!

Quand nous lûmes l'en-tête du quatrième chapitre : « Qui vaut mieux, l'esclave ou le maître? » un des assistants dit : « Voyons cela! » On écouta tout le chapitre avec la plus vive attention, riant souvent aux éclats.

Quelqu'un dit, en parlant d'Aristarque :

— Il ne doit pas être content d'être venu lui demander conseil.

« Socrate vit un jour un jeune seigneur étendu sur la place publique et s'éventant », lisions-nous plus loin.

— C'est la paresse qui l'a fait s'étendre ainsi, dit un des assistants.

« Pour être si fatigué que ça, tu as dû porter quelque chose de très lourd? » lui demanda Socrate, et le jeune homme, très vexé, lui répond : « Porter des choses lourdes? Mais on a des esclaves pour cela! »

— Oui, un valet, expliqua le beau-père.

— Pas précisément un valet, lui répliqua Grégoire.

— Un esclave comme ceux-là. Et il montre collée au mur une estampe portant la légende : « Ce qui est à l'Esprit malin tient comme la colle, mais ce qui est à Dieu est immuable (1). »

Alors on se mit à disserter sur la différence qu'il y a entre un simple domestique et un serf.

Nous continuâmes notre lecture : « Socrate vit un jour un esclave battu par son maître à coups de fouet. »

— En voilà un qui ne laisse pas passer un méfait!

(1) Estampe publiée par la librairie « Posrednik ». Elle a pour légende explicative un petit récit du comte Tolstoï.

dit Grégoire; il apparaît partout où l'on fait du mal.

On se mit alors à se remémorer l'époque du servage. On se souvint avec gratitude de la bonté et de la charité d'une châtelaine, Mme M. V..., et l'on regretta que le curé de la paroisse ne lui donnât plus le pain bénit comme naguère. La digne femme a vieilli; elle est pauvre, mais c'est elle cependant qui a édifié l'église locale.

— En voilà une qui n'a pas administré une seule taloche de toute sa vie, fait observer la belle-mère.

On parla aussi du mari de cette dame, un homme aux instincts féroces, qui faisait fouetter si cruellement ses paysans qu'on les remportait, après l'exécution, étendus inanimés sur de longues pièces de toile. Ce misérable finit par être paralysé, et il fallait employer un brancard pour le porter à l'église. On considéra ce fait comme une vengeance du ciel, disant :

Il faisait porter à bras les autres, et il arriva à être porté à bras lui-même.

— Et vous prétendez, après cela, que les serfs n'étaient pas des esclaves? dit mélancoliquement Demian.

Nulle trace d'irritation ni de rancune d'ailleurs dans tous ces commentaires. On parla du passé comme de quelque chose de très affligeant, mais disparu à jamais et irrévocablement, et l'on conclut en disant avec un signe de croix :

— Tout cela est passé, grâce à Dieu!

A la page 27, on lit : « Socrate disait : — Comment exiger une rétribution, quand je ne fais que répéter ce que m'enseigne le Tout-Puissant et quand je ne prêche que ce qui n'est que juste et bon? » Un des assistants s'écria à ce moment :

— Est-ce que des gens comme Socrate se font payer?

L'anecdote sur la colère de la femme de Socrate, aspergeant ce philosophe d'eaux sales, fait rire l'auditoire jusqu'aux larmes ; ce qui les amusa surtout, c'est la comparaison avec la foudre et l'averse. On écouta, par contre, très sérieusement l'admonestation faite par Socrate à un fils irrespectueux envers ses parents. Tout le monde approuvait, les femmes surtout. On disait :

— Une mère ne boude pas, elle, devant la nécessité d'allaiter et de soigner son enfant !

Pendant la lecture du septième chapitre, intitulé : « De la concorde fraternelle », on répétait à chaque instant :

— Très juste, très vrai ! Quel maître ! Un vrai maître, celui-là !

Pour ce qui est des réponses faites par notre auditoire aux questions posées par Socrate, elles étaient singulièrement conformes aux réponses que la foule populaire est censée faire dans le récit. Tout en lisant, nous nous arrêtions à dessein sur les questions, cherchant à obtenir des réponses qu'on nous donnait sans retard et avec beaucoup de bonne volonté. A la page 38 il est dit : « — A quel homme attribueras-tu le titre d'un vrai et bon ami? demanda Socrate. — A celui qui pense aux autres, et non à lui seulement, et qui, apprenant que son ami est tombé malade, va chercher de ses nouvelles, lui offre de l'aider et d'empêcher que son malaise ne lui nuise dans ses affaires de ménage. »

— C'est pour être bien vu de Socrate qu'il donne pareille explication, fit un des assistants.

— Mais c'est en tout cas bien raisonné, dit un autre.

Plus loin, à l'endroit où il est dit : « Je suis d'avis d'attendre jusqu'à ce que je sache ce qu'il va faire, dit l'un. Et s'il te dit à son tour qu'il aime autant te voir venir, vous n'arriverez jamais à être amis » (page 34), nous entendîmes cette observation :

— Voyez-vous cette façon de tourner les questions?

Le chapitre IX, intitulé : « Ce que chaque homme doit savoir », fut écouté avec l'intérêt le plus vif, et l'on s'amusa beaucoup de chacune des explications de Socrate.

A toute question posée par le philosophe, nous entendions :

— Encore un problème à résoudre!

Et au passage : « Connais-toi toi-même », un des assistants s'écria :

— Oh! oui, il faut s'étudier soi-même, savoir se rendre justice.

En général, les commentaires pleuvaient de toutes parts. Quand nous lûmes le titre du dixième chapitre : « Socrate jugé », un des assistants s'exclama naïvement :

— Jugé, pourquoi?

— Pourquoi? répondit mélancoliquement Demian; notre Sauveur lui-même n'a pas pu contenter tout le monde. Voilà pourquoi.

A la lecture du passage : « Il faudra inventer

quelque chose pour le traîner devant la justice, disaient les ennemis de Socrate », Grégoire dit d'un ton triste et étonné tout à la fois :

— D'où prennent-ils tout cela?

— Un faux témoignage! observa le beau-père.

— Ils étaient tous des richards, qui ne voulaient pas supporter ses éternelles contradictions, expliqua Demian en hochant la tête.

Quand nous lûmes le passage : « Un des richards dit : Si tu te sens embarrassé, si tu crains de ne pouvoir te défendre devant les juges, je te recommande quelqu'un qui te composera pour un bon prix ta plaidoirie devant les juges », un des assistants observa :

— Un avocat, bien sûr.

Plus loin, où il est dit : « Plus de cinquante juges se réunirent pour juger Socrate », une voix dit :

— Tant que cela contre un seul?

Après quoi personne ne souffla plus mot, et un profond silence régna dans l'auditoire.

Ce ne fut qu'aux mots : « Les accusateurs le déclarèrent coupable et méritant la mort », que Demian s'écria :

— Les infâmes!... Il se mit à sangloter comme un enfant, si bien que la lectrice elle-même eut quelque peine à continuer la lecture.

Les autres assistants pleuraient aussi. Seul, Grégoire se taisait, la face crispée, paraissant accablé de pensées qui venaient de l'assaillir...

— Un innocent, ils ont condamné un innocent, fit-il enfin.

— Et comme il les avait exhortés, cependant! dit un autre.

— Ce sont ces exhortations qui ont causé sa perte, répliqua Grégoire.

Aux mots : « Nous condamnons Socrate à la peine de mort. Il aura à boire une coupe de breuvage empoisonné », Demian. plus calme, mais les yeux rouges de larmes, demanda : « Pas immédiatement, n'est-ce pas? » comme s'il voulait conserver l'espoir de voir sauver Socrate. Aux paroles : « Les disciples résolurent de gagner le geôlier pour enlever la nuit Socrate et le mener en terre étrangère », il dit résolument et avec tristesse : « Il refusera! » et plusieurs autres voix répétèrent : « Il refusera! Mieux vaut mourir ainsi que de se laisser sauver par voie de corruption. »

A la lecture du chapitre XII, intitulé: « Les derniers propos de Socrate », tout le monde pleurait. Mais le récit de la mort du philosophe fut écouté sans larmes, avec une espèce de recueillement : « Voilà comment il quitta la vie! » dit d'un ton solennel un des assistants, et Grégoire, qui continuait à se taire d'un air concentré et pensif, demanda enfin, en s'adressant à l'assistance :

— Il n'était pourtant pas des nôtres? Ce n'était pas un chrétien?

— Vous n'avez donc pas entendu que Notre-Seigneur n'était pas encore venu sur la terre à cette époque? fit observer Demian. S'il avait vécu du temps du Christ, il en aurait été bien certainement le disciple préféré.

— Quel livre? est-ce écrit? dit encore un des assistants.

On se mit à examiner avec attention les vignettes de la couverture.

— Lequel est Socrate là-dessus? demanda une paysanne du nom de Marie, en se penchant sur la vignette.

— Celui qui tient sa mort à la main, lui répondit Demian. Et l'autre, avec une clef, c'est le geôlier.

— Et ceux qui pleurent, ce sont ses disciples.

— Voyez, le voilà tel qu'il était dans sa jeunesse! fait observer la belle-mère en montrant la première vignette, et elle ajouta en s'adressant à la paysanne :

— Marie! vous, regardez cela bien attentivement, car si nous oublions quelque chose, nous autres, nous le demanderons à Maroussia (1), tandis que vous n'avez pas cette ressource-là et vous n'aurez personne pour vous renseigner, de sorte que le livre même ne vous servirait pas à grand'chose (2). Grand merci à vous d'avoir gratifié notre famille d'une lectrice! ajouta-t-elle en saluant l'institutrice.

Grégoire fit observer que sa fille à lui allait aussi à l'école et qu'elle lisait aussi des livres, sans être arrivée cependant à le faire aussi bien et d'une façon aussi « touchante » que l'institutrice. « Maroussia, ajouta-t-il, est arrivée à lire comme ça, madame, elle le sait, c'est incontestable. »

(1) Elle disait cela non sans un certain orgueil.

(2) Chaque auditeur reçoit en cadeau un exemplaire de la brochure dont il a été donné lecture, de sorte que peu à peu il devient propriétaire d'une petite bibliothèque dont il peut faire profiter les autres paysans.

Et cela est parfaitement juste, car Maroussia lit en effet avec beaucoup de sentiment. Sa voix, sonore et un peu chantante, comme la majorité des voix des Petites-Russiennes, donne un charme tout particulier aux lectures qu'elle fait.

On dit qu'elle lit surtout d'une façon remarquable le recueil de poésies de Schevtchenko (1) intitulé : *le Joueur de luth,* que quelqu'un lui a apporté de la ville. C'est sa belle-mère qui l'a raconté en citant, de mémoire, des pages entières de *Catherine, Une fille de ferme,* et *les Peupliers,* ce qui est une preuve qu'elle a bien souvent entendu la lecture de ses œuvres. Quand l'institutrice la complimentait sur sa mémoire, la bonne femme répondait : « Moi, ce n'est rien encore ; ma petite Nathalie connaît aussi tout le *Joueur de luth* par cœur et pleure à chaudes larmes quand elle arrive à l'endroit où Catherine est chassée par son père. »

En réponse à ce qu'avait dit Grégoire de la manière de lire de Maroussia, Demian fit observer que « ça, c'est un don du Ciel », et que, dans leur village, ils ont une femme ayant aussi bon air que les autres, mais ne comprenant point un traître mot aux livres qu'on lisait devant elle.

Ce qui précède caractérise l'impression produite sur les paysans russes par des livres spécialement écrits à leur intention, appropriés à leur niveau intellectuel et tenant compte de leur peu d'habitude de la lecture.

(1) Un grand poète petit-russien.

Que la publication de livres de ce genre est complètement sans objet cependant! On va le voir facilement par l'impression que produit sur des auditoires de ce genre l'œuvre d'un génie universel tel que Shakespeare. On verra que les créations admirables du grand écrivain anglais se trouvent être complètement à la portée des classes populaires russes, qui n'ont aucun besoin de livres écrits spécialement à leur intention, et qu'il suffirait de donner des chefs-d'œuvre de la littérature de tous les pays, traduits d'une façon qui leur soit intelligible et mis à leur portée par le prix modique de pareilles publications. Des pièces de Shakespeare lues devant un auditoire de paysans nous choisirons *Othello*. Il faut observer qu'en général les traductions russes de Shakespeare sont d'un style qui ne facilite point aux lecteurs appartenant au peuple l'intelligence du texte anglais. La lecture d'*Othello* avait été faite aux élèves adultes et peu lettrées de l'école du dimanche (en ville).

Au début (scènes entre Rodrigo et Yago), bien des choses paraissaient évidemment peu intelligibles à l'assistance. Il n'était pas facile de se rendre compte du sens des propos dans le genre de ceux-ci, par exemple :

« Ne possédant que la théorie des bouquins sur laquelle des robins bavards peuvent disserter aussi magistralement que lui, un babil sans pratique est tout ce que ce Florentin a de militaire. »

On a commencé à s'intéresser au drame à partir de l'apparition d'Othello et de la question de Yago : « Êtes-vous dûment mariés ? Ne perdez pas de vue, etc. » Les réponses d'Othello, les souvenirs qu'il consacre à Desdémone, la scène des invectives du père outragé, la scène qui se passe au Sénat, l'arrivée de Desdémone et ses discours aussi doux que sensés furent écoutés avec un vif intérêt. De temps en temps on entendait des observations dans le genre de celles-ci : « Rien qu'à ces réponses on reconnaît un honnête homme ! » — « Elle a dû le suivre de son propre gré. » — « Elle l'a aimé parce qu'il était malheureux. » — « Mon Dieu, comme il répond bien ! » — « Et elle donc ? Elle trouve réponse à tout. » — « Ah ! ce Yago ; il est évident qu'il n'aime pas le Maure. »

Aux paroles de Brabantio :

« Veille sur elle, Maure, aie l'œil prompt à tout voir. Elle a trompé son père, elle pourrait bien te tromper (1) », une des assistantes prit chaudement la défense de Desdémone en s'écriant :

— C'est bien mal à un père de se montrer aussi injuste !

Et les autres assistantes furent du même avis.

Il était déjà évident que l'on comprenait Othello tout aussi bien que Desdémone, et que les sympathies de l'auditoire leur étaient acquises.

A la fin de la lecture du premier acte, plusieurs nouvelles venues entrèrent dans les classes. Elles étaient arrivées en retard et avaient craint d'interrompre la lecture. Voulant les mettre au courant de ce qui précède, l'institutrice dit à l'une des assistantes : « Ra-

(1) Pour le texte français des citations de Shakespeare, nous prenons la version de feu François Hugo.

contez-leur, ne fût-ce qu'en quelques mots, ce que nous venons de lire. » La jeune fille parut d'abord toute confuse, puis reprenant un peu de courage, elle commença à bâtons rompus, et sans beaucoup de suite, l'explication que voici :

« Un vieux seigneur avait une fille très belle. Un homme à visage noir en tomba amoureux et l'enleva... C'est-à-dire, il n'y a pas eu d'enlèvement, car elle l'aima aussi et alla le rejoindre de son propre gré. Le père croyait qu'il avait usé de quelque sortilège, mais il n'avait fait que lui raconter sa vie, et cela avait suffi pour la toucher. Puis le Maure fut envoyé faire la guerre, et elle voulut le suivre. Or le lieutenant (Yago) cherche à la calomnier en faisant croire qu'un jeune et beau garçon au service de son mari était arrivé à lui plaire. »

Après cela, la jeune fille se tut et devint pensive. Ses compagnes complétèrent sa narration par quelques détails. Il était certainement beaucoup plus simple que l'institutrice prît sur elle de renseigner les nouvelles venues, mais elle avait voulu s'assurer si ses élèves avaient compris ce qu'on venait de leur lire.

On se mit après cela à écouter avec un intérêt palpitant la lecture du second acte, s'attendant à la continuation du roman d'amour d'Othello et de Desdémone ; mais cette attente fut déçue. La conversation de Montano avec les deux officiers, l'arrivée du héraut d'armes, la scène de la querelle de rue, les projets perfides de Yago exposés dans de longs monologues peu compréhensibles à l'assistance, ennuyèrent considérablement l'auditoire, qui comprenait cependant la portée des projets en question, car on entendait murmurer d'un ton de reproche : « Oh ! le coquin ! Il est sans pitié et ne pense qu'à détruire leur bonheur. Je sais bien ce qu'il veut faire de ce mouchoir de poche ! » etc.

Les actes suivants compensèrent avec usure l'ennui causé par le second. Chaque pas fait par Othello et Yago vers le tragique dénouement de la pièce était suivi avec une attention haletante par tout l'auditoire et le plongeait dans une indicible terreur. A voir ces visages pâles d'émotion, ces yeux grands ouverts, en entendant des sanglots nerveux qu'on cherchait à réprimer, il était facile de comprendre quelle impression produisait la lecture, et cela était tellement frappant que l'institutrice, ayant à peine eu la force de terminer sa lecture, ferma le livre, se sentant incapable de prendre la parole.

Les élèves se taisaient, elles aussi, et, pleurant doucement, restaient immobiles sur leurs bancs.

— Qui donc osera reprocher à Othello le meurtre commis? demanda enfin l'institutrice, cherchant à maîtriser son émotion.

On ne répondit pas tout d'abord, puis une grande jeune fille pâle dit d'une voix tremblante : « S'il ne l'avait pas aimée autant, il ne l'aurait pas étranglée »; et, se couvrant le visage de son mouchoir, elle se mit à pleurer.

— La jalousie et la coquetterie l'avaient rendu aveugle, reprit sérieusement une autre, mieux développée sous le rapport intellectuel et ayant plus de lecture que ses compagnes.

— Et qui vous paraît le plus à plaindre de Desdémone ou d'Othello? demanda encore l'institutrice.

— Othello est plus à plaindre, répondit la jeune fille pâle, qui avait fini par se remettre de son émotion. Desdémone n'a pas eu du moins trop longtemps à souffrir, tandis que lui, depuis combien de temps déjà avait-il l'âme ulcérée!

— Elle est morte en se sachant innocente, mais lui, ce qu'il a dû souffrir en mourant! fit observer une autre; mais dans ce moment plusieurs voix s'élevèrent en faveur de Desdémone, la qualifiant d'ange, d'irréprochable et même de « sainte ».

Puis on se mit à parler de nouveau d'Othello. Les uns lui reprochaient son manque de confiance; les autres disaient que c'était au contraire un excès de confiance qui l'avait perdu, déclaraient qu'il fut un homme de bien, se souvenaient de sa vaillance, des raisons qui l'avaient fait aimer par Desdémone.

— Est-ce que quelqu'un de vous a prévu ce dénouement? demanda l'institutrice.

Plusieurs avouèrent que non, et qu'elles avaient espéré voir Desdémone « se justifier ».

D'autres déclarèrent qu'elles étaient persuadées de ce que le « Maure » massacrerait sa femme.

— Non, mais comme il avait arrangé tout cela à l'avance!... dit une d'elles, en se souvenant de Yago.

— Dame! quand on est si rusé que cela! — fut la réponse.

— Moi, j'étais persuadée que Yago accomplirait tout ce qu'il avait médité, dit une des jeunes filles.

— Tout est possible à un homme capable de tuer n'importe qui, lui répondit une autre.

— Pour ce qui est de la femme de Yago, c'était une bonne âme. Comme elle a regretté la mort de Desdémone! dit d'un ton ému une troisième, pardonnant évidemment à Émilie tout son passé, pour sa confession, au moment de mourir.

— En voilà, une idée! se récria aigrement une voisine. Et qui donc avait volé le mouchoir? et tout ce qu'elle avait dit de la vie de famille?

Elle se souvenait évidemment de la conversation dans laquelle Émilie parle d'une façon si énergique à Desdémone de relations entre mari et femme.

Citons ici un fait qui prouve, entre autres, jusqu'à quel point une demi-éducation rend quelquefois les gens aptes à l'affectation et au manque de sincérité, tandis que des gens simples acceptent, sans la moindre idée préconçue, ce que leur dit un livre. Le dimanche qui précéda celui où il fut donné lecture de la tragédie *le Roi Lear*, l'institutrice avait commis l'imprudence d'annoncer que cette œuvre est due à la plume du grand Shakespeare.

La droite de l'auditoire, composée de jeunes filles peu lettrées, n'y fit aucune attention, tandis que la gauche, où se groupaient les jeunes filles qui se considéraient au-dessus de leurs compagnes, se le tint pour dit. *Othello* leur avait laissé une impression très forte; mais comme elles ignoraient que cette pièce est aussi de Shakespeare, à la question de l'institutrice, lequel des deux drames leur avait mieux plu, elles répondirent:

— Celui de Shakespeare, bien entendu.

La droite prit cependant, avec chaleur, parti pour *Othello*.

— A mon avis, disait nerveusement la jeune fille au visage pâle, *Othello* aussi est une bien belle chose, peut-être même plus belle que le *Roi Lear*. Lear, du moins, tombe victime de sa propre ambition, tandis que dans l'autre pièce ce sont des innocents qui souffrent.

Elle se leva à ces mots, et s'adressant à voix basse à l'institutrice, elle lui dit :

— Faites-moi donner ce livre avant mon tour, je vous en supplie, car je souffre vraiment en pensant à ce pauvre Othello.

L'institutrice s'empressa d'accéder à sa demande, car la pauvre fille avait en effet les yeux tout rouges et la figure toute décomposée.

Quand l'institutrice entra dans la salle de la bibliothèque, elle se vit entourée de plusieurs autres élèves qui réclamaient toutes *Othello* et le *Roi Lear*, pour les relire une seconde fois chez elles. Les volumes manquaient à l'école, et l'institutrice se vit forcée d'ajourner toutes ces solliciteuses. Elles s'en montrèrent fort mécontentes, et l'une d'elles dit à demi-voix :

— On promet toujours et l'on n'apporte jamais.

Puis, s'apercevant que l'institutrice l'avait entendue, elle ajouta d'un ton confus :

— Pardon, mademoiselle, mais c'est que j'ai tellement envie de relire encore une fois ces livres !

Il fallut bien accorder le pardon demandé, d'abord

parce que les oublis reprochés étaient bien réels, et ensuite eu égard à l'impression produite sur la mécontente par Shakespeare.

Si les œuvres de Shakespeare, dans lesquelles, en tout cas, il y a une foule de choses étrangères à notre peuple, se trouvent être parfaitement comprises par le lecteur appartenant à nos classes populaires, celles d'Ostrovsky, le plus grand de nos auteurs dramatiques, doivent évidemment être comprises sans la moindre difficulté par les masses et produire sur elles une impression profonde. C'est ce qui a eu lieu en effet à l'audition des pièces d'Ostrovsky par des paysans, dont la majorité se trouvait être complètement illettrée. Ostrovsky est un de ces écrivains dont les œuvres, grâce à leur caractère éminemment national, se prêtent le moins aux traductions en langues étrangères. Un étranger ne saurait les comprendre à moins d'avoir étudié à fond l'existence et les mœurs des classes de la société russe qui sont mises en scène par Ostrovsky.

Telle est la cause d'un fait fort regrettable pour nous autres Russes, c'est-à-dire que les œuvres d'Ostrovsky ne sont pas suffisamment appréciées par le public européen. Le malentendu est si grand, qu'un des plus beaux drames d'Ostrovsky, *l'Orage*, qui raconte le plus chastement du monde l'histoire d'une femme d'une chasteté irréprochable, et fait « luire un rayon de lumière dans le royaume des ténèbres », selon l'expression d'un des critiques russes les plus remarquables, feu Dobrolioubow, — quand on l'a traduit en français et fait jouer sur un des théâtres de Paris, a été accueilli par le public comme une œuvre tout à fait médiocre et, qui plus est, passablement indécente. Nous citerons ici à dessein le récit de l'effet produit par la lecture de l'*Orage* sur un auditoire de paysans russes.

Le lecteur européen pourra ainsi s'assurer de l'impression profonde que ce drame laisse même à un auditoire russe presque complètement illettré, et jusqu'à quel point il est exempt de ces inconvenances que notre peuple sait si bien comprendre à demi-mot et qu'il trouve toujours parfaitement déplacées dans un livre.

Il faut croire que la *Pupille* avait beaucoup plu à notre auditoire, car le lendemain, pour la lecture de l'*Orage*, nous vîmes arriver plusieurs personnes qui n'étaient jamais venues avant. Nicolas avait amené son frère, le syndic du bailliage, homme extrêmement sérieux. On vit arriver la femme de l'intendant, parée de ses atours des dimanches. Une autre femme avait quitté un travail urgent pour venir « écouter un peu », comme elle disait. Grâce à ces nouveaux venus, on se trouvait beaucoup plus à l'étroit, mais personne ne se sentit gêné par leur présence. Les habitués des lectures se sentaient chez eux et traitaient un peu de haut les nouveaux arrivants en leur disant d'un ton protecteur :

— Prenez donc place, faites comme chez vous!

— Est-ce que l'on va continuer l'histoire d'hier, ou bien s'agit-il de quelque chose de nouveau ? demanda Grégoire, en examinant curieusement le livre.

L'institutrice expliqua que l'histoire d'hier était bien finie, et que l'on allait lire quelque chose de nouveau ; après quoi elle lut la liste des personnages.

— Hier, il ne s'agissait que d'une seule famille; aujourd'hui, il y en a deux, dit la femme du maire du village d'un ton animé. Voyons donc cela !

La lecture commença. On ne demandait plus comme la veille : « Qui dit ça ? » — « Cest une conversation à deux, n'est-ce pas ? » — « Et la dame est donc partie ? » etc., etc. On était déjà évidemment familiarisé avec la forme du dialogue et les mouvements scéniques, mais des observations d'un autre genre pleuvaient de tous côtés, témoignant de l'extrême intérêt inspiré par la lecture. Aux paroles de Koudriache, indigné du despotisme du marchand Dikoï : « S'il y avait un peu plus de braves garçons partageant mes idées à moi, nous l'aurions bien vite déshabitué des frasques de cette espèce! » l'auditoire éclata de rire en disant :

— Une bonne volée dans un endroit écarté, il n'y a rien de plus efficace dans des cas pareils. Nous en savons quelque chose, nous autres.

A l'entrée de Dikoï qui crie et peste comme un enragé, les rires redoublent, et l'un des assistants dit :

— C'est notre vieux en chair et en os. Il passe sa vie à pester. Quand on l'écoute, c'est comme si l'on assistait à une représentation théâtrale.

Boris vient raconter ensuite que son oncle Dikoï le tient sous la dépendance la plus complète, et qu'en vertu du testament de sa grand'mère il ne pourra recevoir sa part d'héritage que si son oncle se déclare complètement content de sa conduite. Des murmures s'élèvent.

— Il attendra alors longtemps, le pauvret ! Il ne verra jamais la couleur de son argent ! Le vieux aura beau avoir tort, la loi sera toujours pour lui !

« Ma tante nous supplie chaque matin, les larmes aux yeux : — Mes enfants, prenez garde de lui échauffer les oreilles ! Mes chéris, ne le mettez point de mauvaise humeur ! » dit plus loin Boris.

— C'est la pauvre tante qui payera pour tout le monde, bien sûr ! fait observer Grégoire.

Boris raconte l'aventure comique de l'officier de hussards qui avait pris un jour Dikoï à partie, et ajoute : « Nous avons été tous dans un bel état alors ! Pendant deux semaines, on se cachait au grenier et dans les coins sombres, rien qu'en l'entendant arriver. »

— Comme le font les moineaux, dit ironiquement le vieux Brousko.

Le long monologue dans lequel Kouliguine caractérise les mœurs et les usages de la petite ville où se passe l'action du drame produit une grande impression sur tout l'auditoire. On se montre très sympathique quand Kouliguine rêve de gagner un million pour le consacrer aux œuvres d'utilité publique.

— Il nous faudrait cette année un homme de cette trempe-là! fait observer la belle-mère.

— Parmi les marchands les choses se passent tout comme chez nous, parait-il, dit d'un ton réfléchi Demian.

— Parbleu! lui répond Grégoire, ne sont-ils pas des hommes comme nous autres?

Et le vieux Brousko ajoute:

— Cette engeance-là est partout la même.

— Les marchands se bornent du moins aux jurons et aux invectives, dit Jean P... Ce sont toujours des gens plus ou moins décrassés, tandis que nous autres, nous en venons tout de suite aux coups.

Et, sous l'impression évidente de ce qu'il vient d'entendre, il se met à raconter à toute l'assistance tout ce que sa propre belle-mère lui fait endurer à lui et à sa femme, comme elle lui tire les cheveux jusqu'à en être fatiguée et comment il accepte en silence de pareils traitements pour qu'elle laisse au moins tranquille sa pauvre femme.

L'aveu que fait Boris de son amour pour une femme mariée produit sur tout le monde une fâcheuse impression.

— De quoi se mêle-t-il? Il mériterait d'avoir un oncle encore pire que le sien. Voilà de bien vilaines pensées

L'arrivée de la vieille Kabanova ainsi que son entretien avec son fils et sa belle-fille font rire tout le monde et provoquent des observations très animées.

— En voilà une qui n'est pas facile à contenter ! dit le beau-père.

— Un joli caractère! Essayez donc de vous arranger avec une femme comme celle-là! dit-on de tous côtés.

A la sortie de la Kabanova, le vieux Brousko s'écrie ironiquement :

— Elle leur a donné leur compte et elle s'en va !

Laissons cependant un moment à l'écart toute l'assistance pour dire quelques mots du syndic de bailliage, qui était venu pour écouter la lecture de l'*Orage*. Ce paysan est loin d'être un sot, mais il se rend comique à force de gravité affectée et d'exagération de son importance. Il serre la main aux nobles avec une désinvolture pleine de rondeur et traite de très haut les simples paysans, ses administrés. Ce gros bonnet du village avait commencé à écouter la lecture avec une dignité et un sérieux imperturbables, ne bronchant point quand les autres assistants riaient jusqu'aux larmes. Tout à coup, à l'une des scènes comiques, le voilà qui ne tient plus et éclate d'un rire homérique. Puis, se reprenant et s'essuyant les yeux d'un mouchoir en coton qu'il considère évidemment comme un accessoire de bon ton, car il en use plus souvent que de raison, le bonhomme, paraissant très mécontent de son oubli des convenances, reprit l'air digne, se mit à parler d'affaires pressantes qui l'appelaient pour midi et nous quitta subitement.

La lecture continua. On écouta avec la plus grande attention les premiers monologues de Catherine.

— Doit-elle s'ennuyer, la pauvrette ! dit Marie la paysanne.

Et Jean P... raconta l'histoire d'un jeune gars de son village qui se mit en tête de voler comme les oiseaux, s'attacha des ailes d'oie aux épaules et, s'élançant d'une hauteur, faillit se tuer.

Au récit que fait Catherine de ses songes poétiques, Demian s'écria :

— La sainte créature!

Et après le monologue commençant par ces paroles : « Je ne puis me délivrer d'un rêve qui me poursuit », il observa d'un air sérieux et triste :

— Pensées de perdition que tout cela!

L'arrivée de la dame folle qui parle de l'enfer parut plutôt terrifier qu'amuser l'auditoire. Presque tous les visages gardèrent une expression sérieuse et concentrée.

Le beau-père prit en grippe Barbe Kabanova dès son apparition, en disant qu'elle valait sa mère et se montrant persuadé que la jeune fille trahirait Catherine; mais les autres ne furent pas de son avis, disant de Barbe :

— Elle sert de rempart à Catherine, c'est une fille que rien ne saurait effrayer.

Quand Catherine dit à Barbe : « Je ne sais pas tromper, je ne puis rien dissimuler », le cordonnier observa d'un ton sympathique :

— Il faut qu'elle ait l'âme bien droite pour n'avoir pas appris cela, même dans un milieu pareil!

Quand Barbe, parlant de son frère Tikhone, dit : « Il est avec maman. Elle est maintenant à le ronger comme la rouille ronge le fer », le vieux Brousko ajouta d'un ton ironique :

— Elle a d'assez bonnes dents pour cela!

Aux adieux de la vieille Kabanova et de son fils, et aux exhortations qu'elle adresse à Tikhone et à Catherine, Demian soupira et dit :

— Toujours rien que des ordres!

Pendant le monologue de Catherine : « C'est maintenant que l'on est tranquille chez nous, etc. », la paysanne Marie murmura :

— Comme un oiseau en cage!

Et Grégoire ajouta :

— Pour se distraire, elle se cause à elle-même!

A plusieurs endroits, le rire qui éclatait tout à coup dans l'assistance paraissait déplacé et parfois même cynique, mais l'effet produit sur nous par ce rire dépendait peut-être de ce que nous connaissions à l'avance l'issue tragique de l'aventure de l'héroïne, tandis que notre auditoire ne sentait que ce que lui faisaient éprouver les scènes successives du drame et ne voyait pour ainsi dire que le moment présent. Il s'amusa, par exemple, à la scène des adieux de Catherine à son mari, quand ce dernier dit : « Je finis par ne plus te comprendre, ma petite Catia ; un jour il m'est impossible de t'arracher un mot, un autre tu m'assommes de tes caresses! » Ce fut la même chose à l'exclamation de la vieille Kabanova : « Qu'est-ce que c'est que cette manière de se pendre à son cou? En voilà une impudente! Ce n'est pas à un amant que tu fais tes adieux! Il est ton mari, ton seigneur et maître! Tu ne connais donc pas les usages? Tombe à ses pieds, malheureuse! » On s'amusa aussi de Barbe cherchant à faire prendre à Catherine la clef et disant : « Si elle ne peut te servir à rien, je puis en avoir besoin, moi; prends donc, bêta, elle ne te mordra pas. » Les assistants disaient en plaisantant :

— La commère est adroite! Gare à qui s'y fie!

Mais dès que l'on entendait de nouveau parler Catherine, le rire cessait subitement. On était de nouveau saisi de respect et de sympathie pour ce type poétique. La scène entre Dikoï, complètement gris, et la vieille Kabanova, fit de nouveau rire aux éclats toute l'assistance, surtout quand le marchand avoua sa cupidité.

— Les deux font la paire! fit observer le vieux Brousko; et Jean profita de l'occasion pour raconter plusieurs anecdotes sur un vieux propriétaire foncier rappelant ce toqué de Dikoï.

A Koudriache (ce nom est dérivé du mot « boucles ») on donna le sobriquet de « bouclé », et chaque fois qu'il reparaissait en scène, l'assistance éprouvait un plaisir énorme. Elle s'amusa franchement à la scène où, soupçonnant en Boris un rival, il lui dit : « Bas les mains quand il s'agit du bien des autres! Ces choses ne se font pas chez nous, et nos gars auront vite fait de vous rompre les côtes. » Mais dès que Boris avoua qu'il aimait une femme mariée, s'attirant cette réponse de Koudriache : « Il faut renoncer à cela, Boris Grigorievitch », l'auditoire redevint sérieux, comprenant qu'il ne s'agissait pas de plaisanteries.

A la seconde apparition de la vieille folle dont l'aspect fait trembler la malheureuse Catherine, Grégoire s'écria d'un ton ému et indigné à la fois :

— Cette maudite sorcière est capable de l'effrayer plus que le plus terrible des orages!

Un peu avant les aveux faits par Catherine à sa belle-mère et à son mari, une des femmes présentes à la lecture demanda d'un ton inquiet :

— Est-ce qu'elle va tout avouer, par exemple?

Quand Tikhone, se plaignant de l'infidélité de Catherine, dit : « Est-ce qu'on peut faire quelque chose de pire que ce que ma femme m'a fait? » Demian interrompit d'un ton de reproche :

— Et toi donc, est-ce que tu as toujours été fidèle à ta femme? Prétends-tu à l'impunité?

Et le vieux Brousko ajouta en ricanant :

— Ne lui as-tu pas rendu la pareille?

Quand, en faisant ses adieux à Boris, Catherine à bout de forces dit, en parlant de son mari : « Il m'est devenu si odieux, que je préférerais des coups à ses caresses », une voix s'exclama comme un écho :

— J'aurais mieux aimé qu'il me rouât de coups tous les jours.

Et puis quand Catherine reste seule et pensive, la même voix ajouta avec angoisse :

— Elle ne reviendra plus chez elle! Vous verrez qu'elle pense à se jeter à l'eau!

Au départ de Catherine, suivi de l'arrivée de Kabanova, de Kouliguine et d'un ouvrier portant une lanterne, une émotion profonde gagna tout l'auditoire. On disait à voix très basse :

— Seraient-ils déjà venus pour la chercher? Pourvu qu'on arrive à temps!

L'émotion grandissait toujours, et au cri poussé dans les coulisses : « Ohé! à la barque! une femme vient de se jeter à l'eau! » retentirent des cris :

— Seigneur mon Dieu! Au secours! C'est elle, la malheureuse!

La paysanne Prascovie, qui avait affecté un air très prude pendant toute la lecture et blâmé Catherine d'avoir été infidèle à son mari, avait fini par changer complètement d'attitude, et à la scène où l'on apporte le cadavre de Catherine, elle se couvrit la face de ses mains, disant avec des sanglots :

— Que doit souffrir une mère dont la fille se noie!

La pauvre femme se souvenait peut-être du sort de sa fille Pascha, qui avait eu une fin prématurée de ce genre.

La majorité des assistants, hommes comme femmes, pleuraient doucement et ne bougeaient pas de leurs places. On ne sait pas combien de temps cela aurait pu durer, mais tout à coup la femme du maire du village s'écria d'un rire nerveux, montrant du doigt une estampe collée au mur et représentant une noce de paysans :

— Assez de larmes, voyez, voilà la musique!

Elle cherchait évidemment à chasser l'impression de navrante tristesse que lui avait laissée la lecture. Son exclamation n'en produisit pas moins l'effet voulu. Tout le monde eut l'air de se réveiller. On se mit à parler très haut, tous à la fois, avec un empressement fébrile, à dire son avis sur l'histoire qu'on venait d'entendre. Jamais encore nous n'avions vu rien de pareil dans notre modeste auditoire. Il paraissait que dans l'âme de tous ces auditeurs avait surgi quelque chose qui demandait à être dit immédiatement et dont il était impossible de parler sans émotion.

— Voyons, quel est le coupable dans tout cela? Comment accuser cette pauvre Catherine ? — Telles furent les premières questions lancées par plusieurs personnes et donnant le signal d'un véritable orage. La femme du maire donnait de grands coups de poing sur la table et criait :

— C'est la mère (la vieille Kabanova) qui est la cause de tout. La mère, la mère, que je vous dis!

— Bien certainement, entendait-on d'un autre côté. Est-ce qu'il est permis de martyriser ainsi le pauvre monde!

Mais la belle-mère répliquait d'un ton larmoyant et irrité tout à la fois :

— Pardon! mais est-ce qu'une mère peut rester indifférente en voyant que son fils n'est pas aimé par la femme qu'il a épousée?

On lui répondait à plusieurs :

— Possible, mais la faute n'en est pas moins à la mère, rien qu'à elle seule. Rien ne serait arrivé sans elle. Elle est responsable de tout. Elle a tyrannisé la pauvre jeune femme jusqu'à la pousser à bout.

Écoutez donc après cela les vieux! Si grands qu'aient été les péchés d'un mort, il n'est pas permis de les juger avec cette sévérité-là. La pauvre Catherine était assez malheureuse, sans les reproches de la vieille.

On entend tout à coup une voix glapissante qui dit :

— Si elle avait été aussi bonne que vous le prétendez, elle se serait résignée, au lieu d'aller se noyer pour ne plus entendre les reproches de sa belle-mère!

Mais on lui répond en chœur :

— Elle n'a pas pu supporter cette existence si atroce. On ne se noie point pour son plaisir. Jolie mère, il n'y a rien à dire! Et ce sot de mari qui a refusé de l'emmener avec lui, tout en sachant de quoi est capable sa mère!

La voix glapissante reprend :

— Il ne pouvait pas cependant l'emporter dans sa malle, votre Catherine!

Mais l'assistance reprend avec chaleur :

— Elle n'est nullement coupable. En rien, entendez-vous? C'est la vieille qui a tout fait. Il est dit dans les saintes Écritures : « Tu ne tueras pas, ni de fait ni en paroles. » Jolie famille, par exemple! Si la vieille ne l'avait pas agacée aussi... Une vraie mégère, quoi!

La paysanne Prascovie, qui a eu le temps de maîtriser son émotion et de reprendre son air prude, éleva dans ce moment la voix, disant à l'assistance :

— Mais, ne braillez donc pas ainsi comme des gens ivres!

Demian lui répondit, la face crispée et avec indignation :

— Si nous sommes ivres, nous, vous, par contre, vous jouez un peu trop à la grande dame!

Elle ne répondit rien, mais son exclamation avait fait revenir les assistants au calme, et la conversation continua sur un ton plus modéré.

Prascovie n'avait pas eu d'ailleurs tout à fait tort de comparer les assistants à des gens pris de vin. On était si monté, les figures étaient si rouges, les voix avaient un diapason si élevé, qu'un étranger aurait pu facilement prendre pour des gens ivres tout ce monde venu tout droit de l'église en compagnie de l'institutrice primaire.

— C'est la faute de jeune fille, disait maintenant d'un ton plus posé le beau-père.

— C'est la clef qui a mené à l'eau la pauvre femme.

— Une triste histoire dans tous les cas, répondait à quelqu'un le vieux Grégoire.

— M'est avis pourtant qu'on peut vivre sans amour, et que ce n'est pas une raison suffisante pour se noyer.

— Pour vous, tout cela est le passé; c'est pour cela que vous parlez ainsi, lui répliqua la femme du maire.

— Avez-vous donc déjà oublié ce qui est dit dans un livre : « L'amour est un feu qu'on n'éteint pas avec l'eau »? fit observer Jean en citant un proverbe qu'il avait entendu quelques jours avant, quand on avait lu le récit : *le Christ semeur*. Ce paysan avait la manie des citations, empruntées aux livres qu'il avait lus et surtout à l'Évangile. Le malheur était que ces citations n'étaient pas toujours bien choisies. Il s'en tirait en disant : « Il vaut mieux s'en rapporter à ce qui a déjà été écrit que de s'évertuer à inventer à nouveau. »

— En dehors de la loi il n'y a que l'adultère. L'Esprit malin est fort! continuait-il à pérorer, très fier évidemment de son érudition. (Il sait lire un peu, se montre très assidu à l'église et, tout comme le beau-père, affecte de remplacer par le russe son parler petit-russien.) Fuis le péché et cherche à faire le bien, ajoute-t-il en forme de péroraison.

— Adam et Ève étaient saints tous les deux, mais le serpent a su cependant les induire en péché, lui réplique Demian, comme pour défendre Catherine.

— Bienheureux sont les compatissants, il leur sera pardonné, réplique Jean, tout à fait mal à propos cette fois, en brûlant ses dernières cartouches d'érudit en saintes Écritures.

— Il faut savoir endurer, insiste la belle-mère en enlevant son fichu de la tête et en s'épongeant le visage avec.

— Endure jusqu'à te noyer, et puis laisse aller à la dérive ton cadavre, dit d'un ton ironique le vieux Brousko.

— Il paraît que toutes ces Catherine n'ont pas de chance, fit observer le beau-père, en se souvenant de la *Catherine* de Schevtchenko.

On se lève, se signant devant les images, on salue l'institutrice et l'on part, continuant à parler de ce que l'on vient d'entendre.

— D'après moi, Tikhone est aussi à plaindre, dit la paysanne Marie. Le pauvre garçon reste tout seul dans une maison en désarroi.

— Et qui donc a pu poser pour tous ces portraits-là? dit Demian en haussant les épaules.

— Est-ce que l'on sait? répond la femme du maire. Bien des gens se trouvent dans le même cas.

— Et cependant on ne peut pas dire que la pauvrette n'ait pas pensé à Dieu, continue à geindre la paysanne Marie.

Et une voix termine la discussion en disant :

— Comme tout cela est facile à comprendre et vous saisit l'âme! On s'en souviendra, bon gré, mal gré, dès qu'on se trouvera en face de quelque chose de pareil.

Et sur cette conclusion tout le monde quitte la chambre dans laquelle avait eu lieu la lecture.

Les fragments que nous venons de citer suffisent pour mettre en évidence le fait que l'homme du peuple russe a la faculté de comprendre les œuvres classiques, et qu'il partage les misères et les joies humaines décrites par les auteurs. Loin de nous étonner de ce résultat, ne devrions-nous pas y voir plutôt une confirmation de la grande vérité que les hommes d'esprit élevé écrivent pour l'humanité entière et ne s'enrôlent jamais dans la littérature militante en faveur d'une classe privilégiée? N'est-il pas naturel que les ouvrages de ces écrivains soient compris de tous et qu'ils fassent vibrer la corde du sentiment chez l'auditeur le moins instruit? Il semble néanmoins que la conscience de cette vérité élémentaire n'ait pas encore pénétré nos classes privilégiées, qui ne se sont guère préoccupées jusqu'ici de propager dans le peuple les chefs-d'œuvre classiques de la littérature universelle. Sans cela, on n'assisterait peut-être pas à la marche envahissante de la littérature spéciale qu'on désigne vulgairement sous le titre de populaire, et dont les effets funestes se ressentent dans presque tous les pays. Aussi croyons-nous que les preuves mises en lumière par notre méthode expérimentale à l'appui de cette thèse seront accueillies avec un certain intérêt par le public étranger.

En parcourant les pages du livre : *Que faut-il donner à lire au peuple?* on remarque surtout que l'homme du peuple russe est particulièrement porté à partager les souffrances et les joies des personnes opprimées, avilies ou persécutées. La position sociale n'entre pas en ligne de compte : dès qu'il s'agit d'un opprimé ou d'un persécuté, toutes les sympathies de notre peuple lui sont acquises. La sensibilité de l'homme du peuple est développée au point qu'il saisit et partage les souffrances de personnes dont les mœurs et la vie lui sont entièrement étrangères. Cette tendresse du cœur ressort surtout de l'impression qu'a produite sur un auditoire populaire la lecture du célèbre roman : *la Case de l'oncle Tom,* de Mme Beecher Stowe.

La conscience de la dignité de l'homme, de l'inviolabilité individuelle, du respect du foyer domestique, de l'égalité de tous devant Dieu et devant la loi, de l'amour fraternel dicté par la religion chrétienne, est le patrimoine de l'humanité entière. C'est pourquoi, malgré l'énorme différence de mœurs et d'habitudes qu'il y a entre les habitants des États-Unis et le peuple russe, nous ne nous sommes pas trompés en attribuant au livre de Mme Beecher Stowe une grande importance éducatrice.

Pour ne pas fatiguer les auditeurs et pour mieux observer l'impression que le roman de Mme Beecher Stowe devait produire sur eux, nous avions choisi pour la lecture de la *Case de l'oncle Tom* trois jours de fête successifs (les 28, 29 et 30 août). Notre auditoire se composait d'adultes et d'enfants qui avaient fréquenté l'école primaire de village.

Mais dès le début il fallut éloigner les enfants, qui ne comprenaient rien au récit. Quant aux jeunes gens, ils eurent le premier jour une certaine difficulté à suivre la lecture, et nous ne tardâmes pas à constater que les noms étrangers les interloquaient. Ainsi, au passage où l'auteur décrit comment la tante Chloé régale de gâteaux le petit George Shelby, un des auditeurs, confondant le petit Shelby avec George Harris, nous dit :

— Je ne comprends pas bien cette diversion; est-ce l'enfance de Harris que l'auteur veut nous décrire?

Même confusion de Tom Locker avec le héros du récit, etc. L'inconvénient fut écarté le lendemain; on remit aux auditeurs des listes des noms de tous les personnages, et ce moyen aplanit considérablement la difficulté.

Cette lecture intéressa vivement le public. La scène des préparatifs solennels au meeting dans la *Case de l'oncle Tom*, les discussions sur la chaise cassée et la fausse alarme de Sam provoquèrent l'hilarité générale.

— Bravo, Sam! entendait-on dans l'auditoire.

On rit aussi beaucoup des boutades oratoires de Sam. Un des paysans ne put s'empêcher de dire :

— Il me rappelle un paysan qui était dans le temps syndic de notre commune et qui voulait toujours imiter les seigneurs, en se servant d'expressions qu'il ne comprenait pas lui-même.

A la phrase de Marx : « Qu'il serait bon de trouver des femmes qui ne se souciassent pas du tout de leurs enfants! » un des auditeurs s'écria avec indignation :

— Une belle chose qu'il demande là! Une chienne même garde ses petits.

A la lecture du passage où est décrite la séparation tragique de Tom et de sa femme, tous les auditeurs avaient les larmes aux yeux.

Le chapitre : *Le sénateur, lui aussi, est un homme,* plut également, quoique certains passages n'eussent pas été si bien compris.

Le roman poétique de l'amour juvénile de Saint-Clair, avec son épilogue dramatique, ne fut pas non plus compris. Par contre, les auditeurs saisirent les traits les plus fins du caractère égoïste de Marie, la femme de Saint-Clair. On se moquait de ses maladies imaginaires.

— Elle ne fait que parler de ses maladies, disait-on, mais elle se soucie fort peu des souffrances des autres.

Ou bien encore :

— Elle est toujours malade, mais elle ne meurt jamais. Que ne mourait-elle au lieu d'Éva, qui a laissé tant d'orphelins!

Une joie immense s'empara des auditeurs au moment où Élise, George et les autres fugitifs atteignent le sommet du rocher.

— Grimpez, grimpez!... disaient-ils en regardant la gravure qui représentait la scène de la fuite. De joyeuses exclamations accueillirent le coup de feu qui foudroie Locker.

— Tu l'as bien mérité, va! disait-on.

— Lâche, lâche! exclamait un autre auditeur en désignant du doigt, sur la gravure, la figure de Marx.

Quand Locker, en regardant sa blessure, dit : « Maudit sang! » quelqu'un ajouta :

— Bien vrai qu'il est maudit, ce sang.

Le malheur de la vieille ivrognesse Proo ne produisit pas la même impression sur tous les auditeurs. D'aucuns la plaignaient et tâchaient de justifier le vice d'ivrognerie, d'autres blâmaient la vieille femme. Un garçon de quatorze ans se faisait particulièrement remarquer par la vivacité de ses protestations.

— Rien au monde ne pourrait me faire devenir ivrogne! s'écriait-il. Et ces paroles étaient empreintes d'une telle conviction qu'on avait plaisir à voir la figure du jeune enthousiaste.

— Elle fait pitié, quoi qu'on en dise, fut la réflexion d'un autre auditeur.

Le chapitre *Topsy* excita un vif intérêt. Certains auditeurs, déjà familiarisés avec l'ouvrage de Mme Beecher Stowe par les lectures précédentes des extraits de cette œuvre, firent preuve d'impatience; ils voulaient à tout prix devancer la lectrice et prévenir leurs compagnons d'auditoire que Topsy deviendrait une jeune fille sage.

L'arrogance des domestiques à l'égard de Topsy révolta tout l'auditoire. Aussi, quand, après la mort du bon Saint-Clair, sa cruelle veuve fait donner les verges à la femme de chambre, Rose, on n'entendit aucune voix de protestation. C'est que les auditeurs en voulaient à Rose, pour les mauvais traitements qu'elle avait fait subir à la petite Topsy.

Les auditeurs manifestèrent une antipathie encore plus prononcée pour Marie, la veuve de Saint-Clair.

— Elle ne remettra pas l'oncle Tom en liberté, dit un des auditeurs d'un ton triste.

La scène émouvante de l'envoi de Tom au marché des esclaves, où il devait être vendu, fit pleurer tout le monde. Il est curieux de constater qu'un des auditeurs faisait tout le possible pour dissimuler son émotion. Rien n'y fit, car au moment tragique il essuya deux grosses larmes, en disant :

— Il me fait pitié tout de même, ce pauvre Tom !

— Et moi, s'écria une jeune fille, je plains surtout les enfants qu'on sépare de leur mère.

A la lecture du chapitre : *La mort d'Éva*, tout l'auditoire fut visiblement ému. Un seul semblait se désintéresser du récit. On ne tarda toutefois pas à découvrir la cause de cette indifférence apparente.

— Est-ce bien vrai, tout ce que vous nous racontez là ? demanda-t-il tout à coup.

— Mais oui, mon ami, répondit la lectrice ; cela est bien arrivé à l'époque de l'esclavage.

— J'ai quelque peine à croire, objecta l'interrupteur, que cette petite Éva pût avoir tant d'esprit à son âge. Que Dieu me pardonne, mais je ne saurais le croire.

L'avidité avec laquelle les auditeurs suivaient la lecture, et la curiosité avec laquelle ils attendaient le dénouement de l'histoire, nous persuadèrent que le livre les intéressait au plus haut degré. Naturellement on ne manqua pas de faire des conjectures sur le sort de l'oncle Tom. Ainsi, au moment où Chloé veut s'engager comme cuisinière pour gagner de quoi racheter le vieux Tom, un des auditeurs s'écria-t-il :

— J'ai le pressentiment qu'elle ne réussira pas à le délivrer.

Beaucoup d'autres exprimèrent la même crainte.

La description des tortures infligées à Tom par le cruel Legrée fit dire à plusieurs auditeurs :

— Tom aura certainement le sort d'un saint martyr!

A la lecture du chapitre : *Liberté,* un des auditeurs s'exclama d'un ton solennel :

— C'est vrai, liberté éternelle!

A toute description d'évasion d'esclaves luttant pour leur existence et pour la vie de leurs proches, une profonde émotion s'emparait de l'auditoire. On n'entendait que l'exclamation :

— Seigneur, viens à leur aide!

Le passage où est décrit comment Kassy et Emmeline réussirent à se mettre en sûreté en se réfugiant dans un grenier enthousiasma les auditeurs.

Au passage où l'auteur rappelle comment Tom empêcha Kassy de tuer Legrée, le chasseur de nègres, un des auditeurs les plus âgés dit :

— Voilà un vrai chrétien, il ne désire pas la mort d'un homme qui lui a fait tant de mal!

A la lecture de l'en-tête du chapitre : *Martyr,* les plus âgés des auditeurs s'écrièrent en chœur :

— C'est certainement Tom!

— J'espère que Dieu le protégera, ajouta un jeune garçon.

— Non, répliqua un autre, Dieu veut que Tom souffre jusqu'au dernier moment.

En apprenant la mort de Tom, un des plus âgés dit d'un ton solennel :

— Maintenant, Tom rejoindra Éva au paradis.

Quand George Shelby met en liberté tous ses nègres pour rendre hommage à la mémoire de Tom, un des auditeurs dit :

— Il a agi mieux que Saint-Clair, qui avait seulement voulu affranchir ses esclaves, mais qui ne l'a jamais fait.

A chaque moment opportun, la plupart des assistants comparaient l'esclavage en Amérique avec ce que le servage avait été naguère en Russie. Ils ne manifestaient toutefois aucune rancune, et l'on parlait du servage comme d'une chose légendaire. Cela s'explique par le fait qu'à très peu d'exceptions près les auditeurs qui faisaient ces observations avaient à peine dix-huit ans et ignoraient naturellement les misères des serfs.

— Écoutez ce que je vais vous dire, interrompit une jeune fille à propos de l'affirmation de Saint-Clair que le meilleur moyen de corriger le nègre, c'est de ne pas le maltraiter. Ma mère m'a dit que dans notre village les seigneurs étaient bons et ne battaient jamais personne; aussi tous les paysans sont-ils bons chez nous. Mais dans des villages voisins on commettait des cruautés inouïes.

Nous ne nous arrêterons pas sur la discussion qui s'engagea sur ce thème. Il est d'ailleurs notoire que le serf maltraité par le seigneur devenait naturellement brutal et injuste dans sa propre famille.

Quand la lecture du livre de Mme Beecher Stowe fut achevée, on distribua aux auditeurs des crayons et du papier, afin que chacun pût formuler ses impressions.

A cet effet, l'institutrice engagea chacun d'entre eux à noter les questions que la lecture pouvait lui avoir suggérées et à y répondre selon son opinion.

Nous donnons le résultat de ce travail.

Demande. — Quelle était l'existence des nègres en Amérique ?

Réponse. — Ils étaient opprimés, maltraités pis que des brutes. On les empêchait de dire leurs prières, on les torturait d'une manière inouïe, etc.

Demande. — Les propriétaires avaient-ils raison de dire que les nègres sont nés pour être esclaves et qu'ils n'ont pas d'âme, comme les blancs?

Réponse. — Non, le nègre est un homme comme tout autre.

Demande. — A quoi l'esclavage conduisait-il les nègres?

Réponse. — Il les poussait au suicide, à l'oubli de Dieu.

Demande. — Qui est coupable du maintien de l'esclavage?

Réponse. — Ceux qui élaboraient ou sanctionnaient des lois là-dessus; ceux qui approuvaient l'esclavage et les indifférents qui ne prenaient pas fait et cause pour les esclaves.

Demande. — Qu'est-ce qui a mis Éva en mesure de vaincre le mal et l'ignorance?

Réponse. — La bonté, son amour et sa pitié.

Demande. — Y avait-il parmi les nègres des hommes prêts à se sacrifier pour l'amour du prochain?

Réponse. — Oui. Tom, par exemple, supportait les plus cruelles tortures et prémunissait ses compagnons contre le mal, en leur rappelant Dieu. Aussi le martyre de cet homme de bien porta-t-il au repentir des malfaiteurs endurcis, comme Quimbe et Jambo.

Demande. — Par quoi Tom a-t-il mérité le paradis?

Réponse. — Parce qu'il aimait toute l'humanité et indiquait à tout le monde le chemin de la vérité.

Nous avons dit plus haut que le peuple russe est particulièrement porté à compatir aux souffrances humaines. Ce trait caractéristique ressort surtout de l'impression qu'a produite sur des paysans la lecture de la nouvelle *le Manteau*, de Gogol. L'auteur décrit dans cet ouvrage les misères d'un fonctionnaire subalterne. N'oublions pas que tout homme portant l'habit galonné inspire à notre paysan une certaine méfiance, une crainte de persécution, sentiments fort regrettables si l'on veut, mais qui sont justifiés jusqu'à un certain point par les abus que commettaient jadis les fonctionnaires; nous avons été surpris de voir combien les auditeurs prenaient à cœur les joies et les souffrances d'un homme atrophié et constamment persécuté par le sort, tel que le petit employé présenté par Gogol.

Avant d'exposer les observations que nous avons faites sur nos auditeurs pendant la lecture du récit de Gogol, nous croyons utile de dire quelques mots sur cet écrivain, dont les œuvres sont malheureusement encore peu connues en Europe. Pouschkine et Gogol sont les grands piliers de la littérature russe. Gogol a fait école aussi bien dans le drame que dans le roman, dans la satire et la littérature humoristique.

La vogue de la littérature russe à l'étranger ne date que de ces derniers temps, et il est tout naturel que les traducteurs se soient empressés d'offrir au public tout ce qu'il y avait de plus récent en fait de productions littéraires russes. C'est ainsi qu'on a successivement traduit Tourguenieff, Dostoïevsky, Tolstoï, Ostrovsky, Schtchedrine - Saltykow, Garschine, Korolenko, etc. Cependant Gogol reflète mieux que tout autre l'esprit et la vie du peuple russe. Aussi recommandons-nous particulièrement la lecture des ouvrages de Gogol à tous ceux qui veulent se familiariser avec nos mœurs nationales.

Le fonctionnaire que Gogol nous présente dans son récit est un petit employé de chancellerie, d'un extérieur insignifiant et qui se voit constamment exposé au despotisme des supérieurs et aux railleries des collègues.

Voici d'ailleurs comment Gogol décrit lui-même son personnage :

Notre héros s'appelait de son nom de famille Bachmachkine. Il se nommait de son prénom et de celui de son père Akaki Akakiévitch.

Peut-être le lecteur trouvera-t-il ces noms un peu étranges et un peu recherchés, mais je puis lui donner l'assurance qu'ils ne le sont point, et que les circonstances m'ont mis dans l'impossibilité d'en choisir d'autres.

Voici en effet ce qui s'est passé :

Akaki Akakiévitch vint au monde dans la nuit du 28 mars. Feu sa mère, qui avait épousé un fonctionnaire et qui était une bonne petite femme, s'occupa aussitôt, comme il était bien séant, de faire baptiser son nouveau-né. A sa droite se tenait debout le parrain, Ivan-Ivanovitch Iéroschkine, personnage très important, qui était chargé d'enregistrer les actes du Sénat, et à sa gauche, la marraine, Arina Séménovna Biélowrouschkov, femme d'un inspecteur de police.

On proposa trois noms au choix de l'accouchée à Mokine, Kokine et Chordasakius.

— Non, dit-elle, aucun des trois ne me plaît.

Pour répondre à ses désirs, on ouvrit l'almanach à un autre endroit et l'on mit le doigt sur deux autres noms : Trifili et Varackatius.

— Mais c'est une punition du bon Dieu ! s'exclama la mère. A-t-on jamais vu des noms pareils! C'est la première fois de ma vie que j'en entends parler.

Si c'était encore Varadat ou Baruch; mais Trifili et Varackatius!

On feuilleta de nouveau l'almanach et l'on trouva Pavsikakhi et Vachlissi.

— Non, vrai, dit la mère, c'est jouer de malheur; s'il n'y a pas mieux à choisir, qu'il garde le nom de son père. Le père s'appelle Akaki. Eh bien, que le fils se nomme aussi Akaki.

Et voilà comment on le baptisa Akaki Akakiévitch.

. . . .

A quelle époque et comment Akaki Akakiévitch entra dans la chancellerie, personne aujourd'hui ne pourrait le dire. Mais les supérieurs de tout ordre avaient beau se succéder, on le voyait toujours à la même place, dans la même attitude, occupé du même travail, gardant le même rang hiérarchique, si bien qu'on était forcé de croire qu'il était venu au monde tel qu'il était, avec les tempes chauves et son uniforme officiel.

Dans la chancellerie où il était employé, personne ne lui témoignait d'égards. Les garçons de bureau eux-mêmes ne se levaient pas devant lui lorsqu'il entrait; ils ne faisaient pas plus cas de lui que d'une mouche qui aurait passé en volant. Ses supérieurs le traitaient avec toute la froideur du despotisme. Les aides du chef de bureau se gardaient bien de lui dire une parole aimable, quand ils lui jetaient au nez une montagne de papiers. Ses collègues, plus jeunes que lui, faisaient de lui l'objet de leurs railleries et la cible de leurs traits d'esprit, autant que des employés de chancellerie peuvent prétendre à l'esprit. Mais Akaki n'avait pas un mot de réplique à toutes ces attaques; il faisait comme s'il n'y avait eu personne autour de lui. Toutes ces petites vexations n'avaient aucune influence sur son assiduité au travail. Lorsque la raillerie devenait par trop intolérable, lorsqu'on le prenait par le bras et qu'on l'empêchait d'écrire, il disait :

— Laissez-moi donc! Pourquoi vouloir absolument me déranger dans ma besogne?

Et il y avait quelque chose de particulièrement touchant dans ces paroles et dans la manière dont il les prononçait.

. . . .

Dès le début du récit, on devine que la vie du pauvre fonctionnaire doit être pleine d'agitations et de joies plus ou moins puériles. Mais plus les petites souffrances de cet homme persécuté par le sort nous paraissent enfantines, et plus elles frappent par leur grande simplicité l'imagination de l'homme du peuple, toujours prêt à s'associer aux douleurs d'un frère avili et sans défense.

Aussi fallait-il voir avec quel intérêt nos auditeurs suivaient la lecture du *Manteau*. Leur commisération pour Akaki Akakiévitch se manifesta surtout à la scène où l'auteur décrit l'affaissement moral du pauvre petit employé, quand celui-ci s'aperçoit que son unique manteau, objet incessant des railleries de ses impitoyables collègues, n'est plus qu'une misérable guenille. Le refus formel du tailleur de raccommoder la « guenille » et sa sentence solennelle : « Vous devez vous faire faire un manteau neuf », atterraient le malheureux.

C'est à peine s'il a la force de balbutier : « Mais je n'ai pas d'argent. »

A la lecture de ce passage, les visages de tous les auditeurs exprimaient une profonde pitié.

— S'il essayait du moins de donner un pourboire au tailleur pour qu'il devînt plus accommodant, dit une paysanne, et un sourire nerveux passa sur ses lèvres.

Le prix exorbitant, demandé à dessein par le tailleur pour un manteau neuf, produisit une pénible impression sur l'auditoire.

— Il l'effrayera au point que ce pauvre Akaki Akakiévitch finira par prendre le parti de passer l'hiver sans manteau, disaient les paysans.

Les préoccupations du fonctionnaire pour mettre en équilibre son budget dérisoire furent parfaitement comprises par les auditeurs.

Mais il aurait fallu voir la joie qui s'empara des paysans quand Akaki Akakiévitch réussit enfin à amasser un petit fonds pour se procurer un manteau neuf !

Résumons maintenant l'histoire d'Akaki Akakiévitch.

Tout joyeux de posséder enfin le manteau depuis si longtemps désiré, il va à la fête d'un de ses supérieurs. Malheureusement, en revenant à la maison, au beau milieu de la nuit, il est assailli dans une rue déserte par des voleurs qui le prennent au collet et lui dérobent son manteau. Dans son effarement Akaki Akakiévitch se présente chez un personnage haut placé et prie « Son Excellence » d'user de son pouvoir pour le faire rentrer en possession du vêtement volé. Foudroyé par l'accueil sévère que lui fait le haut personnage, Akaki Akakiévitch rentre chez lui et succombe en trois jours à une fièvre violente.

L'accueil fait au pauvre petit employé par le haut personnage n'a pas surpris les auditeurs.

— Qu'allait-il faire chez ce monsieur hautain ? dit un des paysans.

— Ce haut personnage rappelle notre syndic, objecta un autre ; il exige absolument que dans toute réclamation on suive strictement la voie des formalités officielles. Je le rencontrais encore il y a quelques jours, ce bon syndic.

« — Où vas-tu ? me demanda-t-il.

« Écouter la lecture de ces dames, que je lui réponds.

« N'y va pas, dit-il, on te tournera en ridicule !... »

Et tous les auditeurs d'éclater de rire.

— Non, interrompit un autre paysan, je sais que la lecture est une chose utile. Aussitôt que le samedi arrive, l'envie me prend de venir ici.

La fureur du haut personnage a soulevé l'indignation des auditeurs.

— Il aurait pu avoir pitié de ce pauvre malheureux, disait-on avec un ton de reproche.

Quand Akaki Akakiévitch est rentré chez lui, malade et écrasé par la déveine, chacun des assistants avait l'air de vouloir lui porter secours; la femme Marie, par exemple, pleine de compassion pour le malheureux, disait en parlant de sa maîtresse de logis :

— Si elle voulait au moins lui faire une bonne friction, lui poser un cataplasme.

Elle ne pouvait évidemment rien de mieux.

La mort d'Akaki Akakiévitch a chagriné tout le monde.

— Il a pris froid après avoir eu peur; le chagrin, l'irritation ont fait le reste, disait-on, cherchant la cause de sa mort.

— Allez donc vivre honnêtement, dit avec amertume la femme du bailli.

— Il a bien fini, le malheureux, avec ses illusions sur la justice humaine, dit avec ironie le vieux Brousko.

— Toute sa vie il a été victime des farceurs, ajouta Marie avec un soupir.

— Dans tout ce qu'on lit on trouve toujours un mauvais sujet; il est vrai que la vie réelle nous en présente autant, dit Demian.

— C'est le général qui a causé sa perte; il ne mériterait pas que la terre le porte lui-même, ajouta avec fureur la femme du bailli.

Le retour du général d'une soirée et sa rencontre avec un malfaiteur qu'il prit pour un cadavre, ont procuré une vive satisfaction à tout le monde. Personne ne supposait un seul instant que c'était l'âme d'Akaki Akakiévitch qui revenait d'outre-tombe; ils expliquaient tous l'accident d'une façon toute naturelle.

— Un filou, quoi ! dit le beau-père avec mépris.

— Voilà ce que c'est que d'avoir un méfait sur la conscience, ajouta Demian, on est sujet à des visions.

— Il s'agit bien de visions; c'était bien cela, en réalité, discutait la femme du jardinier.

— Il a eu une peur bleue, rien de plus! dit Grégoire.

— Quel dommage que la peur ne l'ait pas fait crever! ajouta avec rage la femme du bailli.

— Si on lui avait au moins enlevé sa pelisse, dit la belle-mère.

— Qu'est-ce que ça peut leur faire? L'argent ne leur coûte pas cher, allez! répondit avec ironie le vieux Brousko.

— Il a tout de même manqué la visite chez sa bien-aimée, le revenant s'y est opposé, dit d'un ton ironique la femme du bailli, faisant allusion à l'intention du général d'aller voir sa Caroline.

— Il se repentira, peut-être, ce général, dit Grégoire, la lecture terminée.

— C'est possible; l'histoire n'est peut-être écrite que pour cela.

Nous croyons que les fragments susmentionnés mettent suffisamment en évidence le but et l'utilité du livre

Que faut-il donner à lire au peuple?

BIBLIOTHÈQUE NATIONALE R.F. IMPRIMÉS

PARIS

TYPOGRAPHIE DE E. PLON, NOURRIT ET Cie

Rue Garancière, 8.

PARIS

TYPOGRAPHIE DE E. PLON, NOURRIT ET Cie

RUE GARANCIÈRE, 8.

www.ingramcontent.com/pod-product-compliance
Ingram Content Group UK Ltd.
Pitfield, Milton Keynes, MK11 3LW, UK
UKHW022118190726
13855UKWH00003B/943